倉橋正直

日本の阿片戦略

隠された国家犯罪

共栄書房

目次◆日本の阿片戦略——隠された国家犯罪

序章　大学でケシを植える話

乙種研究栽培者

現行の「あへん法」は、ケシ耕作者と、甲種研究栽培者（阿片を採取できる）、および乙種研究栽培者（阿片を採取できない）の三者に、ケシの栽培を許可している。私は以前から、「日本の阿片政策」というテーマで研究を進めている。その過程で、一九八四年度と一九八五年度の二年間、乙種研究栽培者の許可を得てケシを栽培することができた。

以前、私は厚生省薬務局麻薬課の係官から、阿片の採取を伴わない学術研究のため、ケシを栽培する乙種の場合は比較的簡単に厚生大臣の許可が得られること、またその場合、私のような文科系の研究者でもさしつかえないという話をうかがうことができた。

また、ケシ栽培のことを調べてゆくうちに、それがけっこう難しく、栽培には独特の技術が必要らしいことがわかってきた。実地にケシを栽培することで、それが本来具えている難しさを、小規模ながら、追体験したいと考えるようになった。

その考えは、厚生省管轄の栽培試験場を訪ね、直接ケシの花を見たことによって、一層深まった。本物のケシの花の美しさは、うわさには聞いていたが、実際に見て、あらためて驚嘆してしまった。まさに「百聞は一見に如かず」の諺どおりであった。

こうした経緯を経て、私は厚生省に申請したところ、幸いに許可された。ただこの時、栽培場所は自分の研究室であり、栽培面積はわずか〇・五㎡であった。だから、研究室の中にプランターを一つだけ置いて栽培した。現在から考えると、この場所は日当たりや通風の点で、ケシの栽培には、元来不向きであった。

そのため、二回とも失敗してしまう。ケシ粒といわれるように、ごく細かいケシの種子を播くと、ちょうど「もやし」のような感じで、プランター一杯にワアッと発芽する。それから、数センチ程度までには育つのであるが、それ以上には生育できず萎えてしまった。この二回の試みから、研究室での栽培は無理と悟り、三回目の申請はしなかった。

再度、挑戦する

その後、別の研究テーマに専念していたために、ケシ栽培は以後長くあきらめていた。しかし、一九九二年に至りケシ栽培を再開した。それは以下のような理由からである。すなわち、日本においても、麻薬・覚醒剤などの薬物汚染の風潮が、近年無視しえないほどに広がってきたからである。これは、以前の状況とは、明らかに違っている。

こういう状況の中で、麻薬問題を歴史的に明らかにする重要性は、以前に比べ格段に高まった。明治以来の近代日本が、こういった麻薬問題にどのようにかかわっていたのかを明らかにするという課題である。こういった歴史的な探求が、今後、予想される日本における深刻な薬物汚染に対処する場合の基礎的な作業になるのではあるまいか。新しい状況の到来は、麻薬問題の研究の再開を客観的に求めているように私には感じられた。それで再び、この研究テーマに戻ることにした。

何年かぶりに再びケシ栽培の認可を申請した。認可されたので、私は一九九二年度からずっと続けてケシを栽培している（ケシ栽培の年度は、普通と異なり、なんと一〇月一日から始まる。また、一度許可されれば、あとは更新されるのではなく、毎年新規に許可を受けることになっている）。

前述したように、前回のケシ栽培の場所は狭い研究室の中であった。しかし、前回と異なり、今回は大学側の厚意から、自分の研究室のある建物の屋上を借りることができた。屋上ということで、今回栽培面積を二㎡と少し広げることができた。ここならば、日当たりと通風は申し分ない。独立した建物の屋上に、市販のプランターを六個並べて栽培している。屋上に出るドアの鍵は、私一人が管理しているので、他人の出入りはできない。当然のことながら、事故のないように、厳重に管理している。

屋上庭園

このようなわけで、わずか二㎡の栽培面積に過ぎないが、わが大学の「屋上庭園」に、五月の連休の頃、四年続けて、薄紙細工のような花弁の、ケシの花を咲かせることができた。一貫種という日本の標準種のケシは、一重咲きで花の色は白であった。その白い大柄な花の感じから、私は花というより、むしろなにか一種の農作物のような印象を受けた。また濁った紫色の花を咲かせたこともあるが、この時は葉の裏にびっしり油虫がつき、びっくりしてしまった。ケシは、モルヒネの成分を持つ以上、虫の害はあまり受けないのではないかと勝手に考えていたからである。実際に栽培してみて、ケシ栽培が本来持っている難しさの一端を理解することができた。なにご

大学の屋上でのケシ栽培

学生たちに説明

とも経験であって、一年ごとに経験を積み、少しずつ要領がわかってくる。

現在、静岡県下田市、茨城県筑波市、および、北海道名寄市にある厚生省の薬用植物栽培試験場で、ケシが栽培されるので、そこから、種子は入手している。今年度（一九九五年度）も許可されたので、初めて北海道名寄市の試験場から種子を取り寄せた。その種子はインド系で、花の色が一定せず、一畝《ひとうね》蒔くと、いろいろな色の花が出てくるということを、前もって聞いていた。実際その話の通り、今回は、鮮やかな赤、ピンク、紫、白など、まさに色とりどりの花を咲かせることができた。

花が咲いた頃、授業で教えている学生たちを呼んで、それを見せている。私は彼らに向かって、この花やケシ坊主はとても珍しいもので、そんじょそこらでは見られないものだと説明を加える。私のほうは一人で興奮して説明するのであるが、学生側はたいして関心を示さない。私のいささか「恩、着せがましい」説明は、彼らにあまり評判がよくないようである。

奥ゆきの深い阿片問題に対する理解が、彼らには欠けているのであるから、彼らが私と同じような関心を示すはずがない。だから、彼らの「さめた」反応は、考えてみれば、当然かもしれない。それでも、私はいつも決まって、失望させられる。でも、学生時代に、変な教授がいて、授業の時に、阿片が採れる本物のケシの花を見せてくれたということが、一つの思い出として、彼らの脳裏に残ればよいと、私はひそかに考えている。

文科系の研究者で、ただ一人、ケシ栽培が許可

乙種の研究栽培者は一九九五年度で五名いるが、私以外はみな薬学部や薬用植物園の関係者である。現在までのところ、文科系の研究者で、厚生省の許可を得て、実際にケシを栽培しているのは、私ただ一人である。そのため、私がケシを栽培していることは、現段階では、いささか奇妙に見えるかもしれない。しかし、これは、日本の阿片政策というテーマに、いままで研究者の関心が向かわなかったことの、一つの反映である。

今後、この問題に関する研究が徐々に盛んになってゆく兆しを私は感じている。それは、とてもよいことであるし、また、当然のことである。今まで、あまりに、なおざりにされすぎてきたのが、元来、おかしかったのである。こういった新しい風潮を私は心から喜び、歓迎するものである。

阿片問題についての関心が次第に高まってゆけば、これに伴って、おそらく、文科系の研究者の中からも、乙種の研究栽培者として、私に続けて、ケシを実際に栽培してみたいと考える者が出てくるかもしれない。そういう意味からいえば、私は、たまたま、トップー・バッターの位置に立っているのではあるまいか。

『大東亜の特殊資源』という本

私は、以前、名古屋商工会議所図書館で、佐藤弘編『大東亜の特殊資源』(大東亜出版株式会

社、一九四三年九月、四四二頁）〔以下、『大東亜』と略す〕という本を見つけた。同書は、量は少なくてもよいが、いわゆる大東亜戦争の遂行に必要欠くべからざる特殊な資源、具体的には阿片、キニーネ、タングステン、マニラ麻など十数種類をあげ、それぞれに比較的短い説明を加えている。

日本の阿片政策、換言すれば、日本がいわゆる阿片問題にどのようにかかわったのかについては、阿片・モルヒネが国際的な禁制品であったことから、明白に述べた文献はほとんどないのが実情である。阿片問題を専門に扱った数少ない著作でも、日本がどのように関与したかという点になると、全く沈黙するか、あるいは当たりさわりない所で筆をとどめてしまっている。

その点、『大東亜』は短い文章ながら、驚くほど率直に述べている。例えば、当然なことであるが、阿片だけでなく、モルヒネ類の生産のことまできちんと触れているし、また、一方で日本内地だけに視野を限定せず、当時の植民地、すなわち、台湾、朝鮮、満州国その他にまで及んでいる。さすがに中国方面への密輸出のやり方についてまで言及していないが、しかし、こと、阿片・モルヒネ類の生産状況に限っていえば、大概の状況はほぼ本書の記述で尽くされているといってもよかろう。

『大東亜』が阿片問題に対して、かくも率直に述べたてた理由は、本書が発行された時期と目的とから推測される。すなわち、同書は戦争の真っ最中（一九四三年）に、しかも、まさにその戦争を遂行しきるために欠くべからざる特殊な資源を、どのようにして確保するかを問題にして刊行された。

だから、この段階では、阿片・モルヒネの密輸出を公に禁じる国際条約もへったくれもすでになくなっていた。それらが国際的な禁制品であることは百も承知であった。しかし、それらが戦争遂行に必須である以上、阿片・モルヒネの生産状況の概略を述べ、それが戦時体制下で持つ問題点を指摘しておく必要があった。

以上が、それ以前の本と異なって、阿片問題について『大東亜』が驚くほど率直に述べている理由である。従って、日本の阿片政策というテーマを立てた場合、『大東亜』が最も基本的な文献になるといっても、決していいすぎではなかろう。

私の場合、もし仮に、この本に出会わなかったならば、たぶん、阿片問題とは縁がなかったであろう。この本を見つけたことで、ようやく阿片問題に本格的に取りかかってみようという気持ちになったからである。そこで、おもに同書に依拠して、論を進めてゆくことにする。

なお、『大東亜』の阿片の項は、『続・現代史資料12　阿片問題』（みすず書房、一九八六年）に収録してもらったことをつけ加えておく。

第一章　国際関係の中での位置づけ

中国側の禁煙の動き

清末の光緒《こうしょ》新政（一九〇一～一一年）の一環として、清朝は禁煙政策を打ち出す。この段階では、モルヒネの禁止はまだ緊急を要する課題とは意識されていなかったので、主に阿片のことが論議された。周知のように、当初、中国人は、イギリスが中国にもちこんだインド産阿片を吸煙していた。ところが、一九世紀後半から、インド産阿片に対抗する意味もこめて、中国国内でも大量にケシが栽培されてゆく。そこで、この時、国内におけるケシ栽培の禁止が、中国側にとって、最も大きなテーマとなった。

まず、一九〇六年、禁煙の上諭が出され、続いて、一〇ケ条からなる禁煙章程が公布される。その主な内容は一〇年計画で禁煙しようというものであった。具体的には、ケシ栽培面積を、各省は毎年一割ずつ逓減してゆく。また、インド産の阿片の輸入を逓減してゆくために、イギリス側と外交折衝するなどであった。その後、禁煙政策を実施するために、もっときめ細かい施行細則も作成する。

ケシ栽培を禁止してゆこうという清朝の意図に偽りはなかった。実は、これまで、ケシ耕作農民や阿片の流通経路に課税することで、多額の税収を得ていた。ケシ栽培の禁止によって、この収入を失うことになる。しかし、そのマイナスを補ってあまりあるプラスがあった。すなわち、阿片中毒の蔓延で、国民の多くが破産し、また、健康を害しているような状況を野放しのままにしておいたのでは、いかなる改革も、結局は絵に描いた餅に終わらざるを得なかった。そうである以上、中国で、なにか改革を志す場合、阿片禁止問題を避けて通るわけにはいかなかったのである。

その一方で、清朝は、イギリス側とインド産阿片の輸入漸減問題で外交交渉を始める。イギリスは、中国側の禁煙の動きを踏まえ、ある程度、譲歩する。一九一一年五月、英清阿片協定が北京で締結される。この協定で、イギリスは、過去三年間の清朝側の努力を認め、残りの七年間でインド産阿片の輸出を逓減してゆくことを約束する。こうして、一九一七年には、インド産阿片の輸出が停止されることになった。

清末の禁煙政策はかなり成功

こういった動きの中で、国内におけるケシ栽培は次第に減少してゆく。それにつれて、阿片を吸煙する人も確実に減っていった。この時、中国はいわば国民的合意のもとに、一九一七年を目標に阿片の根絶を図る。それは、官民協力、挙国一致の一大国民運動ともいうべきおもむきを呈していた。この段階でも阿片中毒者は依然として存在した。阿片が習慣性のある麻薬である以上、そう簡単に根絶できるはずがなかったからである。しかし、国民的な禁煙運動が展開されている雰囲気の中では、彼らは社会の裏面でこそこそ隠れて阿片を吸わざるを得なかった。

清末の禁煙政策がかなりの成果をおさめたことは、後年の史料から、よくわかる。すなわち、一九二七年、軍費に窮した張作霖政権は、東北地方（以下、満州と記す）で阿片解禁政策を行なう。まず、ケシの作付が奨励された。これに応えて、農民が、いざ、ケシを植え付けようとした時、ケシの種子の入手に困る。やむなく、熱河省《ねっかしょう》などから、急遽、取り寄せている（『盛京時報』、一九二七年三月一六日）。

この時、満州にケシが大規模に植えられ、ケシの花が盛大に咲き乱れることになった。その光景を見て、二〇年、ないし三〇年前の旧観が戻ったという感想が述べられている。また、ケシの耕作をやめてから、長い年月が経過したので、ケシの栽培技術が忘れられ、そのため、うまくゆかなかったという例も報告されている（『盛京時報』、一九二七年七月一日、七月二日、および七月五日）。こういった史料から、光緒新政期や民国初期、この地方でも、ケシ栽培の禁止がかなりまじめに行なわれたことがわかる。

東満の阿片郷

しかし、中国の版図はあまりに広かった。この空間的広さが、この問題でも十分に機能した。結局、清朝も、また、その後の袁世凱政権も、（さらには南京の国民政府も）、全国的規模で全面的にケシ栽培を禁止するだけの力量はなかった。一部の地方（おおむね、辺境地帯）における非合法のケシ栽培までは禁止しえなかった。満州でいえば、それは熱河省と吉林省《きつりんしょう》東部（いわゆる東満）であった。次の史料は後者におけるケシ栽培のことを記している。

「東満の阿片郷（前略）▼阿片の王国は右の地帯を独占する所以であつて、毎年、夏季は斯業者《しぎょうしゃ》、支那人の類集するもの十数万を算するのである。安図県丈《だけ》にても、此期間は三万人の浮浪者が集まり、定住者民戸の数に勝る有様である。是等《これら》浮浪者の一部は馬賊の一派にて、密耕者ともなり、又、時には阿片を掠奪するための馬賊となつて活動する連中であるが、森林一帯、阿片の鍵は此種支那人の手に握られておるのだ。

▼露支国境方面にありては、三岔口《さんたこう》、五站《ごたん》及び六站《ろくたん》の如き阿片市場の最も著名な所で、同地の経済的礎地は阿片の栽培に由来しておるので、浦塩斯徳《ウラジオストック》及び哈爾賓《ハルビン》の支那商は之れに関与せぬものはないといふ有様であるが、夏季は阿片王国の旺盛期とあつて、五站の如きは数万人の支那人、雲集し、実に殷盛の観を留めおる。是等支那人は、毎年、初夏、来り、秋、去るを例とし、毎年、去来を反復しておるのである。

▼某支那商の談に五站附近の阿片丈にても、産出額は一年七十万留《ルーブル》（現時の相場にあらず）を算するとある。然るときは東満一体を通ずる阿片の産出は実に莫大なもので、少くも百万円は降るまいと思ふ。而して支那人が何故《なにゆえ》、禁制を破ぶってまでも、罌粟《けし》の栽培に執着するかといふに、阿片は実果を短期に収め、利得、大なるにありといふに帰する。即ち、阿片は僅か三ケ月間にて実果を見ることが出来、他の農耕作業に比し、遙かに利益、大なりと云ふ点にある。」

（『満州日日新聞』、一九一七年八月二三日）

「阿片王国」が存続できた意味

この史料から、吉林省東部の「阿片王国」ぶりがよくわかる。全体的には、ケシ栽培が厳しく禁止されたのに、一方で、こういった地域が存続したことの意味について、次に考えてみる。

従来、阿片問題で中国のやることは、どうせ、中途半端で、いい加減であったと評価されることが多かった。その評価の根拠として、前記のような辺境地域でのケシ栽培があげられた。しかし、私は違う見方をとる。……すなわち、むしろ、中国側の禁煙政策がかなりの成功をおさめたからこそ、こういった辺境地域での「阿片王国」が成立しえたのだと。

阿片は軽く、かさ張らない。また、単位重量当たりの金額も大きい。ということは、輸送コストが小さくなり、熱河省や吉林省東部など、消費地からかなり離れた遠方で栽培しても、十分、採算がとれた。また、前述の二つの地域は、辺境というだけでなく、地味も瘦せていた。そのため、普通の農作物の栽培には、元来、不向きであった。しかし、ケシはかなりの荒地でも植えられた。事実上、ケシ以外の作物では生活できない農民は、ケシ栽培に頼らざるを得なかった。彼らにケシ栽培をやめさせるのは、至難の業であった。

もし仮に、禁煙政策の効果がなく、満州の人口稠密《ちょうみつ》な中心地域で、ケシがおおっぴらに栽培されていれば、当然、荒地が多く、生産性の低い辺境地帯でのケシ栽培が、経済的に引き合うはずがなかった。要するに、禁煙の取締が厳しければ厳しいほど、(そして、阿片の価格が騰貴すれば騰貴するほど)、それだけ、こういった地域における非合法のケシ栽培が、商売として成り立った。結局、客観的に見れば、熱河省と吉林省東部で行なわれたケシの非合法栽培は、厳しい禁煙政策を土台にして成立した。その意味で、二つの地域における「阿片王国」の存在自体が、実はこの時の禁煙政策がかなり成功をおさめたことの証明になった。

禁煙は可能という自信を持つ

清末の禁煙運動は、官民が一致協力して運動に邁進しさえすれば、完全は無理としても、相当の成果をあげうることを証明した。しかし、残念ながら、その後の中国をめぐる状況は、禁煙運動にとって不利になる。すなわち、辛亥革命《しんがいかくめい》時の混乱、および、その後の軍閥混戦で、阿片禁止の動きはふっとんでしまう。

たしかに一時的には、禁煙の動きは失敗する。しかし、中国の心ある人々は自信を持つ。この時の経験から、官民が協力し、いわば挙国一致の国民的な運動を、再び構築することができさえすれば、禁煙は必ず達成できるという信念と自信とを持つに至ったからである。後述するように、こういう彼らの前に、日本が大きくたちはだかり、やがて、日本が、この問題で、中国民族の主要な敵になってゆく。

中国の禁煙運動の挫折

一九一一年五月の英清《えいしん》阿片協定によって、イギリスがインド産阿片の輸入を停止する時期（一九一七年）に合わせて、中国もまた、国内の禁煙計画を完了する予定であった。しかし、実際には、その後、中国、および世界情勢は激動期を迎える。

まず、一九一一年一〇月、辛亥革命が勃発し、協定の一方の当事者である清朝は滅亡してしまう(一九一二年一月)。あらたに成立した袁世凱政権も、阿片禁止問題では、従来の方針を踏襲する。しかし、革命に伴う混乱があり、以前と比べれば、取締はゆるんだ。

さらに一九一六年の袁世凱の死去に伴い、中国は、いわゆる軍閥混戦時代に入る。大小の軍閥が、各地に割拠し、互いに争うようになる。彼らは、軍費の調達のため、阿片に目をつける。農民にケシを強制的に植えさせ、税を取った。中国国内のケシ栽培＝阿片生産は再び復活してしまう。こうして、それまで、かなりよい線まで進んできた中国側の禁煙政策は、この時期、残念ながら、かつての熱意を失い、効果をなくしてゆく。もちろん、中国側の禁煙の意向が全面的に崩壊したわけではない。しかし、それでも、やはり全体としては、うやむやになってゆかざるを得なかった。

インド産阿片の輸出を停止

周知のように、一九世紀中ごろ、イギリスは阿片を用いて中国に侵略を開始した。それはきたないやり方であった。しかし、英清阿片協定に従い、イギリスは中国への阿片輸出を徐々に減らしてゆく。その間、一九一四年に、第一次世界大戦が起こる。イギリスは、それにかかりきりとなり、アジア方面は手うすになるが、それでも、阿片協定に従い、一九一七年（第一次世界大戦の最中であるが）には、少なくとも、表むきには、インド産阿片の輸出を完全に停止する。

イギリスがインド産阿片の中国への輸出をやめた理由は複雑である。まず、この段階では、イギリスの工業力はより高度に発展しており、中国への阿片輸出というような、きたない手段はすでに彼らにとって二義的な意義しか持たなくなっていた。優秀な工業製品の輸出が、その役割を十分に果たしたからである。また、イギリスのインド支配の状況の変化もある。さらに、イギリス国内外の、人道に反した阿片輸出に対する非難や反対運動も関係していた。こういった、いくつかの要因が重なった結果、この時期、イギリスは阿片の輸出を停止していったのであろう。

元来、イギリスの対応はなかなか、したたかだったから、一九一七年以降も、実際には、阿片やモルヒネ類の密輸を多少、継続して行なっていたかもしれない。しかし、とにかく、表だっての阿片輸出は終る。このことの意味は決して小さくない。このため、全体として、イギリスは中国の阿片問題で一歩後退し、その影響力を低下させた。

アメリカが阿片禁止のリーダー

一方、阿片禁止問題では、アメリカが実に積極的な態度をとり、国際的にも牽引車の役割を果たした。アメリカは遅れてきた帝国主義国であって、中国に対し、まだ手を汚していない。また、阿片問題では利害関係がない。例えば、イギリスの場合のように、ケシを大量に栽培させているインドのような植民地を、アメリカは所有していなかった。中国側にむしろ、好感を持ってもらうことによって、中国への進出をはかろうとした面もある。

また、国内的な事情としては、建国の経緯から、ピューリタニズム（清教徒主義）の強い伝統があり、禁酒法の制定（一九二〇年）に向かうような雰囲気があった。酒に比べ、一層、道義的に非難されるべき阿片などの麻薬に対しては、とりわけ、嫌悪感が強かった。各種の麻薬に深く汚染されている現在のアメリカからは、ちょっと想像しにくいが、一〇〇年前のアメリカは理想に燃えた、若々しい面を持っていた。

日本でケシ栽培の普及に尽力した二反長音蔵の伝記の中に、大阪平野を埋めるように咲きそろった白いケシの花を、たまたま、東海道線の列車の窓から眺めた「アメリカ婦人は蒼白となり、奇声を発した。『ジャパニーズ、おそろしい。人殺し、劇毒麻薬を作っている。チャイナ（中国）へ売る阿片わるい』」（二反長半『戦争と日本阿片史』、すばる書房、一九七七年、二七頁）と叫び、大騒ぎになったことが紹介されている。この挿話は、当時のアメリカ人の、麻薬問題に対する平均的な認識をよく示していよう。

ハーグ阿片条約など

国際的な阿片禁止の動きはアメリカ主導で行なわれた。まず、一九〇九年二月、上海阿片会議が開催される。これはアメリカ大統領が提案したもので、一三ケ国が参加した。会議は強制力のない勧告を決めたにすぎないが、それでも、阿片問題で最初の国際会議が開かれたという意義は大きかった。会議では、議長をつとめたアメリカが、人道上の見地から徹底した禁止方針を打ち出す。これに対し、イギリスは勧告的な決議でお茶をにごそうとする。両者の立場の相違は、その後もしばらくは変わらない。

このあと、一九一一年一二月にオランダのハーグで第一回国際阿片会議が開催される。やはりアメリカが主導し、ハーグ阿片条約を決める(一九一二年)。その後も、同じハーグで、第二回（一九一三年七月）と第三回（一九一四年六月）の国際阿片会議が開かれ、それぞれ、阿片禁止問題を討議した。ハーグ阿片条約を多くの国が批准しないうちに、第一次世界大戦に入ってしまう。戦争終了後の一九一九年、ヴェルサイユ講和会議が開かれる。ここで、アメリカの主張が受けいれられ、講和条約を調印・批准すれば、その国は、前記のハーグ阿片条約も批准したと同じ効果を持つとされた。

この時、創設された国際連盟が、阿片禁止問題を引き継ぐ。国際連盟の働きによって、一九二五年にはジュネーブ第一阿片条約とジュネーブ第二阿片条約が作られた。また、一九三一年には、「麻薬の製造の制限および分配取締に関する条約」も成立している。以上、四つの条約のいずれについても、日本は調印・批准している。

また、一九二〇年代になると、中国で「拒毒運動」という名前の、禁煙運動が起こるが、それを主に指導したのも、アメリカの影響を受けた中国のプロテスタントであった。

上海の英字新聞の日本非難

このように、アメリカは、この時期、一貫して阿片などの麻薬の撲滅に向けて、国際的に精力的に働いた。この問題でイギリスが一歩、後退したことで、アメリカのターゲットはやがて、日本に向けられる。次に紹介する史料は、ちょうど、そういった転換の頃のようすを伝えている。

「▲日本人の阿片密輸入　上海の英字新聞ノース、チャイナ、デーリイ、ニュース本月十七日の紙上に、日本から支那内地へ盛に阿片を密輸入して支那人を毒しつつある事実を記載してある、而も其の密輸入は不正な小商人が法網を潜り税関の目を盗んでやる仕業《しわざ》でなくして、堂々と日本政府がそれを保護し奨励してやって居ると書いてある。

支那に於ては日本からの郵便小包を検査する事が出来ないから、小包でドシドシ輸入せられて居る。モウ一つは『軍需品』の銘を打って青島《チンタオ》からドシドシ入って居る。支那の税関は日本人の管理の下に日本人によりて取扱はれて居る、輸入禁制品であらうが、あるまいが日本政府の許可証さへあれば、其の儘《まま》、税関を通過する。

そこで支那内地至る所として日本の売薬店で阿片を売って居ない所はない、例の『軍需品』の銘を打った空き箱は山東鉄道沿線の日本売薬店に其所《そこ》にも此所《ここ》にも見出される。支那の巡査が山東鉄道沿線で阿片を売って居る日本商人を、規則違反で取り押へた、すると日本の憲兵が来て其の商人を救ひ出したのみならず、却《かえっ》て支那巡査に罰金を取った例などもあるなど云ふ事実を挙げ、満州には大連から、山東、安徽《あんき》、江蘇《こうそ》省には広東《かんとん》から、揚子江沿岸には青島《チンタオ》から、支那内地到る所、日本の娼婦のある様に日本の阿片が入り込んで支那人を毒して居る。

そして日本は之が為めに幾千万円の利を得つつある、と云ふ記事を掲げ、而して同一紙上の社説に論じて曰く、日本の支那税関に雇はれて居る税関吏は職務上の忠誠を裏切って此の悪商売を拡張して居る、吾等は日本政府に対して直《ただち》に此の極悪なる商売を廃《や》めんことを勧告する、日本政府で止《と》めやうとせば止《と》め得《え》られる事だと論じ、更に一歩を進めて、阿片商売は日本を利する事、大《だい》ならん、されどこれによりて日本は其の利する所よりも更に大なるものを失はん。日本は英国が支那人の幸福の為め人道の上より阿片商売を廃したのを好い機会に直に其の株を取ったものだと言はれても弁解の辞があるまいと言ひ、『これ、決して武士道の精神でない』との一句で結んで居る。（後略）」（『福音新報』、一九一九年一月一日）

『ノース、チャイナ、デーリイ、ニュース』はイギリスやアメリカの在華利益を代表する新聞と見られていた。この日本にとって、手きびしい記事を紹介したのが、普通の新聞ではなくて、『福音新報』というプロテスタントの新聞であることが、興味深い。日本のプロテスタントは、信仰を通して、アメリカなど欧米人の意識をかなりな程度、自分のものとして共有できた。

そういう立場から、彼らは、当時の日本人の中では珍しく、阿片などの麻薬類の密輸に対して、強い嫌悪感を持つことができた。だから、この記事の紹介自体が、当時の日本の阿片モルヒネ政策に対する抗議という要素を明らかに含んでいた。

阿片禁止問題の国際的な関係

結局、阿片禁止問題をめぐる、第一次世界大戦以前の国際関係は、おおよそ、次のようになる。まず、アメリカが禁止推進派のリーダーである。中国はアメリカの努力に感謝するとともに、頼りにする。一方、現状維持派の中心はイギリスである。イギリスはインドでのケシ栽培があるので、阿片禁止には消極的であった。ただ、道義上、阿片禁止に表だって反対はできない。そこで、

図1　第一次世界大戦以前

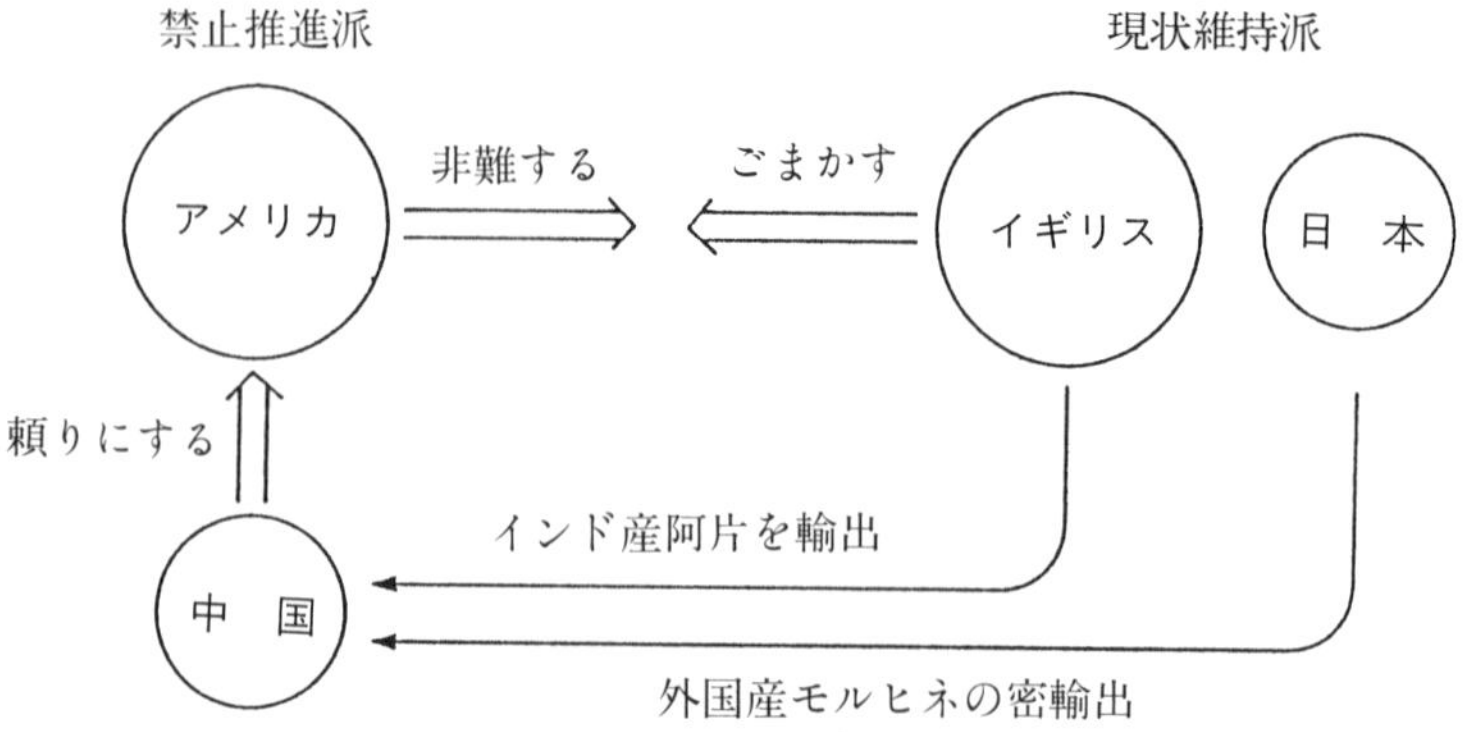

実際にはごまかそうとする。また、日本は、そのイギリスの背後に隠れて、なるべく目立たないようにしているが、他方では、虎視眈眈と麻薬を用いての中国への進出を狙っている【図1参照】。

その後、大戦末期から一九二〇年代初頭にかけて、イギリスと日本で逆転してゆく。第一次世界大戦を経て、イギリスの国力は相対的に低下するが、阿片問題においても、インド産阿片の輸出をやめたことで、確実に影響力が小さくなった。

日本が代わって主役になる

イギリスに代わって、日本が表舞台に出てくる。中国に対する麻薬類の輸出国の、主役の交替である。後進資本主義国の日本は、全体として工業力に劣っていたから、優秀な工業製品を輸出することで、中国への進出をはかるというわけにはいかなかった。こうして、欧米各国はすでに阿片・モルヒネの密輸出というきたない手段を基本的に捨てている段階なのに、日本は相

図２　1920年代以降

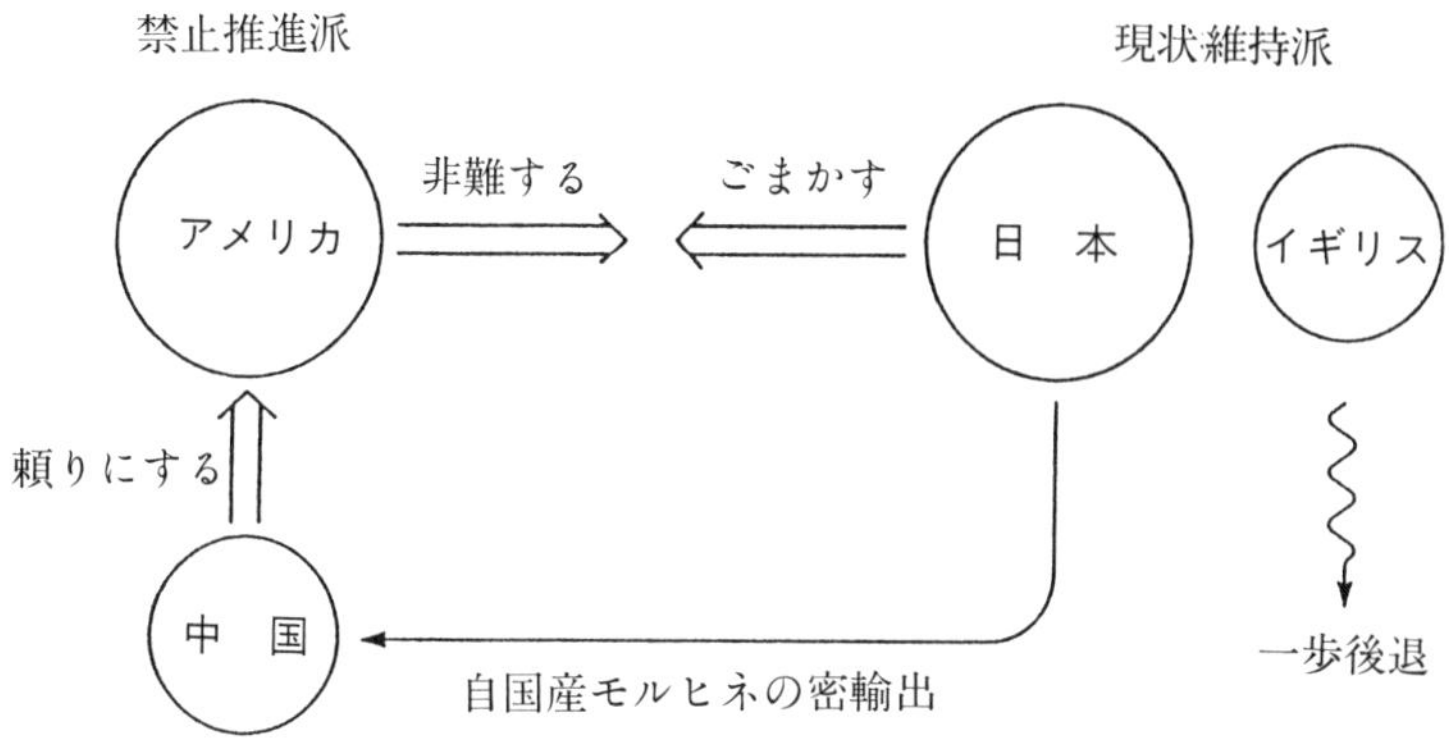

変わらず阿片・モルヒネの密輸出に一義的な価値を置かねばならなかった。このため、ただでさえ、あまりきれいでない日本の進出は阿片・モルヒネの密輸出というきたない衣装を身にまとったため、より一層、醜悪なものになっていった。

日本は、結局、一九二〇年代以降、イギリスに代わって、きたない手段で中国へ進出をはかり続ける。当然、そういった日本の方針や姿勢は、当事者たる中国側の反発と怒りを招く。一九二〇年代の末になると、全般的な状況においても、中国にとって、最も危険な外国は、イギリスから、日本に転換してゆく。このような流れからすると、日本は、麻薬問題で、一足早く、中国の主要な敵になっていたのである【図2参照】。

イギリスの阿片政策との比較

よく知られているように、イギリスは、一九世紀、インド産阿片を中国に大量に輸出する。これが直接のきっかけとなって、一八四〇年、有名な阿片戦争が起る。流入した阿片によって、多くの中国人が心身の健康を損ない、かつ、破産していったのであるから、このイギリスの行為は、まちがいなく、非道徳的（ダーティー）であって、今日からすれば、当然、非難されるべきものであった。

一方、阿片の輸出を禁じる国際的な取り決め（国際条約）の出現は、ずっと遅れる。複数の国を対象としたものは、前述のように、一九一二年のハーグ阿片条約が最初のものである。ということは、一九一二年以前には、阿片の輸出を禁じる国際条約はまだ存在しなかった。

また、イギリスは単独で清国と英清阿片条約を結び、一九一七年かぎりで、インド産阿片の中国への輸出をやめることを約束している。この場合、イギリスが、もし、一九一七年以降も、中国に阿片を密輸すれば、それは、英清阿片条約という国際条約に違反するので、非合法となった。しかし、それ以前に、インド産阿片を中国へ輸出することは、いかなる国際条約にも違反していなかったから（遵守すべき国際条約がなかった！）、それは合法的なものであった。

要するに、一九世紀から、二〇世紀初頭まで行なわれたイギリスの阿片貿易は、たしかに道徳的には非難されて然るべきであるが、しかし、国際法上は合法的であった【★イギリス＝非道徳的だが、合法的】。この点が、この問題で遅れて登場してくる日本とは決定的に異なっていた。

実際、当時、イギリス側は、これを合法的行為と認識しており、それ故、阿片の輸出はおおっぴらに行なわれた。隠す必要を感じなかったから、年ごとの阿片の貿易額は貿易統計に堂々と掲載された。

また、興味深いことに、イギリス人の多くは、主観的にも、阿片をそれほど悪いものと意識していなかったようである。近年の新村容子《にいむら》氏の研究によれば、当時、イギリスでは、阿片の害毒は、酒のそれとあまり変わらないと考えられていた。酒よりも、はるかに依存性が強く、人々の心身の健康をより深く損なう麻薬であるという認識は概して薄かった。アジアの阿片の害は、せいぜいヨーロッパにおける酒の害とほぼ同じ程度と、誤って認識されていた［新村容子「英国人から見た中国のアヘン吸飲」、『就実女子大学史学論集』、九号、一九九四年］。

国際条約の有無の違い

日本は、日露戦争後ぐらいから、中国への阿片・モルヒネの密輸に徐々に手を染めてゆくが、一九二〇年ころになると、それは相当、活発な程度に達する。前述のイギリスの場合、時代が古いので、まだ、モルヒネはあまり問題になっていない。それに対し、日本の場合、モルヒネの占める比重がずっと高くなる。

日本の阿片・モルヒネの密輸は、やはり、多くの中国人を破産させ、かつ、彼らの心身の健康を損なうものであった。さらに、今回はモルヒネが関係するので、往々にして命まで奪った。だから、こういった日本の行為は当然、非道徳的（ダーティー）であった。道徳上、非難されて当然なものであった。モルヒネの比重が高いという点で細かい違いはあるものの、非道徳的（ダーティー）であったという点では、日本は、かつてのイギリスと全く同じであった。

しかし、もう一つの側面では、日本は明らかにイギリスと違った。阿片・モルヒネ問題で、イギリスと日本は、同じように「きたない」ことをした。しかし、両国がそれを行なった時期が半世紀以上も違っていた。同じく、「きたない」ことをやったのであるが、イギリスに比べ、日本が「半世紀以上も、遅れて」、それをやったことが、実は、決定的な意味を持っていた。

両者の違いは、要するに国際条約の有無、すなわち、阿片・モルヒネの輸出を禁じる国際的な取り決め（国際条約）が存在したか否かであった。一足早く登場したイギリスの場合には、まだ国際条約は存在しなかった。だから、イギリスの行為は、国際条約違反で、国際法上、非合法だという非難からは、幸いなことに免れることができた。しかし、日本が遅れて登場してきた段階では、すでに国際条約が存在していた。

日本は非道徳的かつ非合法

前述したように、戦前、阿片・モルヒネに関して、ハーグ阿片条約（一九一二年）など、四つの国際条約が存在しており、日本は、そのいずれの条約にも調印・批准していた。ということは、日本は阿片・モルヒネ類を密輸しないことを国際的に約束したのである。

このように、日本は一方で、国際条約を結んで、阿片・モルヒネ類の密輸をしないことを国際的に約束しておきながら、実際には、それを守らず、阿片・モルヒネ類を大量に中国などに密輸した。こうした日本の行為は、明らかに国際条約違反であった。

日本の密輸は、ちょっとした、もののハズミで、ある時期に限り、限定的に行なわれたというような、生やさしいものでは決してなかった。みずからの行為が国際条約に違反することは百も承知で、敢えて阿片・モルヒネを大量、かつ（時間的にも）長く継続して密輸し続けた。だから、日本の場合は、いわば確信犯であった。

日本の行為は、国際条約に違反するものであったから、それは国際法上、合法的ではなかった。こうして、日本の場合、非道徳的（ダーティー）というだけでなく、さらに非合法という要素も加わった。これが、イギリスと決定的に異なる点である。【★日本＝非道徳的、かつ、非合法】。

私は、イギリスを擁護する気は全くない。イギリスも日本も、この問題で、同じように、人道に背き、恥知らずにも「ダーティー」な行為をした。だから、イギリスが中国にインド産阿片を輸出したことは当然、強く非難されるべきである。

ただ、両者の行なった時期が違った。イギリスの場合、阿片問題に関して国際条約が存在しなかったから、その行為は「幸いなこと」、まだ合法的であった。しかし、日本の場合、イギリスに比べ、「半世紀以上、遅れ」、国際条約がすでに存在したために、その行為は、非合法になってしまった。この点は遅れてきた日本の「不幸」であった。要するに、イギリスと日本は、同じことをやったのであるが、その時代状況が違ったため、客観的な評価が違ってきてしまったのである。これは、やむをえないことであった。

国家ぐるみの犯罪

阿片・モルヒネ類の生産・配布などの仕事（いわゆる阿片政策）は、国内では、内務省（ただし、一九三八年一月以降は新設の厚生省に移管）が担当した。また、外地では、台湾総督府や朝鮮総督府などの植民地官庁が、阿片政策にかかわった。さらに、後になると、興亜院や大東亜省

図３　イギリスと日本の比較

【イギリス】

≪外的条件≫時期が早かった。国際条約がない。

★非道徳的だが、合法的。────→隠さない。

【日本】

≪外的条件≫時期が遅かった。国際条約がある。

★非道徳的、かつ非合法。────→国際条約に違反

────→国家の犯罪────→とにかく隠す

────→日本国民は知らされないまま。

などの官庁も、この仕事に加わった。この他、軍部も、この問題に深くかかわっていた。これらの官庁や組織は、みな国家組織である。国家組織が、長年にわたって、阿片モルヒネ類を大量に生産し、それを密輸出していた。

一方、一九一二年のハーグ阿片条約以来、一連の国際条約で阿片類の密輸出は公には禁止されていた。だから、前述のような、日本の行為は明らかに国際条約に違反していた。それに、国家組織が密接に関与していたのであるから、日本の阿片政策は、国際条約に背いた、いわば「国家ぐるみの犯罪」というべきものであった。

【図３】

満州事変以後の日本は、たしかに国際世論の動向を無視した勝手な外交をとることが多かった。さらにその後米英などを相手に本格的な戦争（一九四一年のアジア・太平洋戦争）突入してしまった段階まで来れば、実際上、国際世論

など、どうでもよくなった。しかし、そういう段階まで来るのはずっとあとのことである。阿片問題で初めて国際条約を締結した一九一〇年代から、米英などとの戦争の時期までの、日本の外交は決してそういうものではなかった。

日本は、現在、考えられている以上に、国際（国際といっても、当時にあっては、ほとんど欧米列強に限られるが！）世論の動向を気にしている。欧米諸国から、どのように見られるかを、自国の進路を決定する際の基点に据えている。そういった意味では、阿片問題は、実のところ、日本にとって、一面では、困った、また、やっかいな問題であった。

国際条約を結ぶ意味

国際条約を締結し、阿片類の密輸出をしないことを、日本は国際的に約束する。しかも、たった一回限りではなく、きちんとした条約だけでも、少なくとも、四回も、ほぼ同じ趣旨の内容を国際的にくり返し約束している。従って、阿片類を中国などに密輸することは、明らかに国際条約違反であった。日本が阿片類の密輸出をしていることが暴露され、公に追及されれば、日本が国際的に激しく非難されることは目に見えていた。この件で、日本は申し開きは許されなかった。国際条約を結ぶということは、本来、それだけの厳しさを締結国に求めていた。そのことを、当時の日本の為政者は十分に理解していた。

だから、国際条約に違反するような阿片政策を進めるべきではないという、いわば良識派も、日本の為政者の中にいたはずである。彼らは、万一、阿片類の密輸出がばれた場合に受ける、ダメージの大きさを考慮し、国際条約に違反する阿片政策をやめるように主張したことであろう。しかし、結果的には、そういった良識派の主張は退けられてしまい、実際には、国際条約違反を承知の上で、日本は前述のような阿片政策を進めてしまう。

国際条約に敢えて違反した理由

それでは、どうして、日本はこのような方針を採用したのであろうか。次にその理由を検討する。結論から先に述べれば、阿片政策が途方もない利益をもたらしたからである。結局、この問題で、日本の前に二つの選択肢があった。

一つは国際条約に従い、阿片類の密輸出をやめることであった。この選択肢は、たしかに公に約束したことを守るのであるから、当然といえば当然のことであった。しかし、この場合、阿片政策によって、それまで、得ていた莫大な収益もなくなることを意味していた。これは、財政的には大きな痛手であった。

もう一つは、阿片類の密輸出をひき続いて行なうものであった。この場合、明らかに国際条約に違反していたから、万一、ばれた時の、日本に対する非難の大きさはあらかじめ覚悟せねばならなかった。また、実際、ばれる可能性も十分、存在したから、この選択肢の場合、日本の当局者としては、まさに薄氷を踏むような危うさを、いつも感じていなければならなかった。しかし、こちらの道を選択すれば、阿片政策にともなって、莫大な収入が得られた。

阿片の収益の莫大さに目がくらむ

日本が財政的に余裕があれば、国際条約を締結した以上、それを遵守し、阿片類の密輸のような汚い仕事に手を染めたくなかったはずである。しかし、当時の日本の財政的基盤は脆弱であった。富国強兵をめざす日本の当局者にとって、たとえ、汚いものであっても、阿片政策がもたらす金を無視することは不可能であった。

しかも、その額は、生半可なものではなかった。裏の世界においてであっても、それは財政の基幹部分を形成するといっても、決して言い過ぎとはならなかった。阿片政策の収益が、もし、とりたてていうほど大きくなければ、ばれた時の非難が恐くて、きっと、やめたことであろう。

万一、ばれた場合、国際世論から激しく非難・攻撃される危険性と、続けた時の収益の大きさを、天秤にかける。後者があまりに大きかった。前者の危険性もたしかに無視しえなかったが、しかし、後者によって得られる収益の大きさは、なお、それを補ってあまりあると判断された。結局、阿片の収益の莫大さに目がくらんで、日本は後者を選択する。

こうして、日本の当局者は、国際条約違反は百も承知で、阿片類を大量に密輸出する方針を、敢えて捨てなかった。ばれて、国際的な非難を浴びる危険性は十分、承知しているが、なお、国際条約違反（＝非合法）で、かつ、非道徳的な汚い道を選んでしまう。いってみれば、背に腹は替えられなかったということであろうか。当時の日本が、実力以上に背伸びして、国際社会の中に出ていった無理が、ここにも現われていた。

関係資料をひたすら隠す

こうして、日本は前述のような阿片政策を敢えて採ることになる。しかし、それが国際条約に違反した、本質的に非合法なものであることを、日本の為政者はよく承知していた。彼らにとって、それは、まさに人の目にさらしてはいけない恥部であった。

そこで、国際世論をはばかるため、阿片関係の資料は意識的、かつ、組織的に隠滅させられた。それは徹底していた。阿片モルヒネ問題で、日本が国際条約に背いた行為をしていることを、諸外国に知られてはいけなかったからである。阿片に関する事項は、極力、隠された。それは、諸外国に対してというだけでなく、国民の目からも隠された。

まず、阿片関係の統計資料は、なるべく出さないようにされた。従来、主に国際聯盟に提出するために、内地だけでなく、支配する植民地まで含んだ阿片関係の包括的な統計が、内務省によって刊行されていた。しかし、この統計も、一九二八年を最後にして、以後、刊行されていない(ただ、地方レベルや植民地のものは、もっと後までわかるが)。また、検閲によって、新聞などのマスコミが、阿片・モルヒネに関することを報道することは、ほぼ全面的に禁止された。戦前、軍事関係を除けば、阿片に関する事項に対して、報道管制が最も厳しかったといっても、まず、さしつかえなかろう。それだけ、為政者は阿片問題には気を使っていたのである。

学術研究もタブー

また、このことは学術研究にも及んだ。阿片やモルヒネに関する研究自体は、けっこう数多く存在する。しかし、その内容にはかなり偏りがあり、阿片・モルヒネの薬理作用を扱った研究が圧倒的に多い。

その一方、日本が行なっていた阿片政策を正面から取り上げ、それを学問的に究明するような研究は、ほとんど存在しなかった。こういったテーマで研究すれば、当然、日本の阿片政策が国際条約に背いた、ダーティーなものであることを指摘せざるを得なかったからである。こういった内容では、その研究成果を公表しようとしても、いわゆるアカデミズムの世界にあっては、まず、相手にされなかったと推測される。こういった理由から、当時、学界である程度、評価されるような研究雑誌には、前述のような方向で阿片問題を扱った論文を見つけることはできない。要するに、こういう性格の阿片問題の研究は、戦前にあっては、タブーだったのである。

このように、阿片関係の事項は徹底的に秘匿されたので、日本の阿片政策は、国民の目に触れることはなかった。後述するように、内地でも和歌山県や大阪府では、多くの農民がケシを栽培した。彼らは、ケシを栽培することで日本の阿片政策の一部にかかわっていた。だから、彼らは、その範囲で、日本の阿片政策の存在を知り得る立場にいた。しかし、彼らが知り得る範囲は極めて限定されていた。

彼らは、日本がケシを大規模に栽培していることまでは知り得ても、しかし、東アジア的規模で展開していた（ある意味では壮大な）日本の阿片戦略の全体像までは、到底、知り得るわけがなかった。当時、そこまで、知り得たのは、内務省（および厚生省）や軍部の担当者などの、ごくわずかの人だけであった。

戦後も、なぜか、手がつけられなかった

戦後になっても、この状況に基本的な変化はなかった。たしかに戦後の東京裁判で、日本の阿片政策は多少、問題にされる。しかし、後述するような事情から、その時の追及には徹底さが欠けており、ほんの少し、触れたという程度に終わってしまう。

また、戦後改革で、それまで阿片政策にかかわっていた官庁・組織（すなわち、軍部、内務省、台湾総督府、朝鮮総督府、大東亜省など）は、のきなみ解体されてしまう。このことも、戦前の阿片政策の解明にとって不利であった。戦前、日本が行なった阿片政策の実態を白日の下に曝し、その道義的・政治的責任を追及しようにも、当事者が、組織としては、いなくなってしまう。これでは、どうしても責任を追及する迫力に欠けてしまった。

こういった事情から、戦後、ただちに戦前の日本の阿片政策を解明することができなかった。このため、それは、ほとんど手つかずのまま、今日まで来てしまう。また、戦前、阿片政策に携わった側も、この状況を利用して、依然として、「頬かむり」のまま、すごそうとしている。

肝心の日本の阿片政策は知られていない

　こうして、戦前、日本が行なった阿片政策は、闇から闇に葬りさられ、これまで、広く国民の目にふれる機会はあまりなかった。だから、国民は、戦前、日本が国際条約に背いて、中国などに阿片類を密輸出していたことをほとんど知らない。また、それと関連して、内地でも、和歌山県や大阪府で、大規模にケシが栽培されていたことさえ、一般にはほとんど知られていない。

　現状では、阿片の輸出というと、日本国民は、おそらく、イギリスがインド産の阿片を中国に持ち込んだことを、すぐに思い起すことであろう。すなわち、一八世紀末から、イギリスは、中国の茶を本国に、本国の綿製品をインドに、インド産の阿片を中国に運ぶ、いわゆる三角貿易を行なう。それが、やがて阿片戦争につながってゆく。――こういったイギリスの当時の阿片政策のことは、高等学校の世界史できちんと教えられている。だから、それはいわば国民的な歴史認識の段階に達している。

　しかし、肝心の日本の阿片政策については、これまで、ほとんど知られていない。戦前、日本が推進した阿片政策は、これまで述べてきたように、客観的にいって、イギリスのそれよりも、はるかに大規模であり、かつ、影響はもっと深刻であった。にもかかわらず、日本国民は、日本が行なった阿片政策について、ほとんど知らない。

　これではいけない。一般的にいって、国民の歴史認識に空白があってはならない。この問題を、広く世間の人に知ってもらわねばならない。為政者側は、これまで、阿片政策をひた隠しに隠してきた。生来のあまのじゃく的な性格によるのか、私は、彼らが隠そうとすればするほど、逆に、それをあばきたてたくて、むずむずしてくる。私は、これまで深く隠されてきた、日本の阿片政策（＝近代日本の恥部の一つ。それも、かなり重要な）を、まだ初歩的なレベルではあるが、明らかにしたい。これが本書の目的である。

私の失敗——厚生省は戦前から存続

この問題で、恥ずかしいことに、私は、ひどい失敗をしてしまう。すなわち、戦前、国内における阿片政策を担当してきたのは、終始一貫、内務省である。従って、戦後、作られた厚生省はこの問題には一切、関係ない。——このように、私はずっと誤解してきた。十数年前、このテーマで研究を始めた時、なにかの拍子で、このように思い込んでしまい、以来、ずっと、この誤解をそのまま引きずって来てしまったのである。だから、これまで私が書いたものでも、そのように説明している。

ところが、つい最近になって、やっと、その誤りに気がついた。厚生省は、戦後ではなく、一九三八年（昭和一三年）一月一一日に新設されている。そして、それまで、内務省が管轄していた薬務行政はすべて、新設の厚生省に移管された。従って、その時点から、厚生省が、内務省に替わって国内の阿片政策を担当した。

要するに、戦前、国内の阿片政策を担当した中央官庁は、時期的に二つに分かれる。すなわち、明治初年から一九三八年一月までは内務省、それから敗戦までの約八年間が厚生省である。厚生省が担当した時期は、約八年間と時間的にはたしかに短かったが、しかし、この時期は戦争とずっと重なる。厚生省が担当した阿片政策は、戦時体制下のそれということで、それ以前よりも、客観的には一層、重要性を帯びていた。

戦時体制下、阿片政策を推進した厚生省の責任は重い。それ以前に担当した内務省とともに、当然、厚生省もまた、その責任追及からのがれられない。ところが、後述するように、戦後の東京裁判で、内務省も厚生省も、阿片政策を担当した責任をうまくのがれる。彼らが行なった阿片政策は、不問に付され、結果的に免罪される。

このこともあって、阿片政策を担当したことに対して、彼らはなにも反省していない。だから、自分たちが行なってきた阿片政策に関する資料を全く公表していない。まず、旧内務省の場合である。戦後になって、旧内務省の官僚は大霞会という団体を組織する。彼らが編纂した大霞会編『内務省史』（原書房、一九八〇年）は、全体で四〇〇〇ページにも及ぶ浩瀚《こうかん》な書物である。しかし、阿片に関しては、たった二ページ、それも法律の制定について記しているだけである。これでは、内務省が担当していた阿片政策は、その片鱗さえもわからない。

厚生省も何回か自分たちの歴史をまとめている（厚生省五十年史編集委員会編『厚生省20年史』、一九六〇年。厚生省五十年史編集委員会編『厚生省五十年史』、一九八八年）。しかし、これらの書物もまた、阿片政策のことをまともに扱ってはいない。

このように、阿片に関する事項は、「とにかく隠す、表に出さない」という戦前の方針が、戦後にまで、そのまま、続いている。だから、日本の阿片政策の中でも、基幹部分を占めていた内務省や厚生省の資料は、今日に至っても、全く公表されていない。今後、こういった資料の公開を求めてゆく運動が必要である。

水俣病の患者救済や、薬害エイズ裁判における、近年の厚生省の対応は随分、ひどいものである。これが国民の健康や衛生に責任を持つ官庁の対応かと、あきれさせる。しかし、厚生省のルーツをたどれば、警察などを握っていた内務省にたどりつく。厚生省が実は内務省の分身であり、内務省的な体質を今日も払拭しきれないでいることがわかれば、国民に背を向けた、現在の厚生省の対応ぶりも、おのずから理解できる。——これが、阿片問題と厚生省の関係を調べてゆくうちに、自然と身についてきた私の感想である。

第二章　阿片王・二反長音蔵

ケシ栽培の普及に決定的な働き

日本における阿片問題を考える場合、「阿片王」といわれた二反長音蔵（一八七五～一九五〇年）「にたんちょう・おとぞう」――従来、「にたんおさ」と読まれることが多かったが、あとの所で説明するように、それはまちがいで、「にたんちょう」が正しい」という人物を抜きにすることは不可能である。彼は、大阪府三島郡福井村（現在の茨木市）の一農民に過ぎなかったが、しかし、日本の阿片問題（特にケシ栽培）において、特異な、また、ある面ではほとんど決定的ともいえる働きを示した。その大体のようすは、次に示す『大東亜』の記述から、明らかになろう。

「この蔭には今、『日本の阿片王』と謳はれる大阪三島郡福井村の篤農、二反長音蔵氏の並々ならぬ苦心があった。同氏は台湾に於ける阿片の輸入の多いのに驚き自給せんとして栽培を試みた。

先づ、福井村と京都の桂村に七十五町歩の罌粟《ケシ》栽培を行ふ傍ら、独力で印度・埃及《エジプト》・イラン・トルコ・ロシヤなど世界各地の種子を数十種、取寄せ、私立試作田に優良種育成の努力を続け、遂に前述の三島・福井二品種を完成した。而して日本全国は勿論、遠く満蒙の地に自ら、その卓越せる技術を伝授し、現在、なほ、その努力を続けつつある。」（前掲、『大東亜』、一一頁）

なお、『戦争と日本阿片史――阿片王二反長音蔵の生涯』（すばる書房、一九七七年）は、彼の子息で児童文学者であった二反長半（にたんおさ・なかば）氏が著した二反長音蔵の伝記である。それは、副題からも知られるように、二反長音蔵の生涯の仕事を知る上で最も基本的な史料であるばかりでなく、同時に、日本の阿片政策というテーマを立てて研究する場合にも、絶対に欠かすことのできないものになっている。

二反長音蔵の著書

二反長音蔵は、とくに上級学校に進学して勉強したわけではない。にもかかわらず、ケシ栽培や阿片生産について、きちんとした本を執筆している。たいしたものである。この種の本は、彼の長い人生の中で、何回も書きなおしたようで、何冊かの本が刊行されている。

私は、一九一五年、一九一七年、および一九三〇年に発行された三種を見つけることができた。書名は、三冊ともほとんど同じであるが、内容は少しずつ違っている。出版の時期や目的、および、彼の努力による、栽培レベルの向上に合わせて、本の内容も微妙に違っていったのであろう。その中で、次に紹介する一九一七年刊行のものが最も詳しい。

すなわち、二反長音蔵著『罌粟栽培及阿片製造法』、Ｂ５版、本文が一三三頁、付録の部分が一三二頁。一九一七年発行。発行所は、大日本罌粟栽培阿片製造奨励会。同会の住所が、彼の家のすぐ近くであることから、事実上、自費出版と推察される。前述の二反長半氏の著書やこの本などに依拠して、二反長音蔵の働きと関連させながら、日本におけるケシ栽培の展開過程を述べてゆく。

絶滅しかかった日本のケシ栽培

その著書の中で、二反長音蔵は、早い時期のケシ栽培のことを記している。それによれば、彼のいる大阪府三島郡では、ケシは、昔、奥州津軽地方から伝わったという言い伝えがあることから、ケシのことを津軽と呼んでいた。ケシが伝わった時期は、その本（一九一七年の刊行）で一〇〇年前といっているので、江戸時代中期ということになる。そして、明治維新前後の時期には、三島郡でも、ケシが多く植えられていた。全国的にもケシ栽培はかなり盛んで、「阿片製造人」、すなわち、ケシ栽培者は、おそらく「殆ど千を以て数」えられるほどであったと推定している。

また、その当時、生産された阿片は自由販売であったので、農家にも都合がよかった。

ところが、一八七五年（明治八年）に、阿片専売法が制定される。自由販売は禁止され、生産された阿片はみな、政府に納入することを義務づけられる。納入した阿片のモルヒネ含有量を調べ、それに従い、生産者に代金が支払われた。しかし、当時、どういうわけか、モルヒネ含有量八％以下のものは不合格とされ、代金は支払われなかった。当時の技術水準では、モルヒネ含有量八％を越えることはなかなか容易ではなかった。そのため、せっかく、阿片を納入しても、一銭にもならない事態がしばしば生じた。

こうして、往々にしてケシ耕作農家はひどい損害を受けた。ケシ栽培が有利ではなくなったので、それまで、ある程度、行なわれていたケシ栽培も、当然、すたれていった。

その結果、明治二〇〜三〇年ころ、日本におけるケシ栽培はほとんど全滅に近い状況に陥る。

内地の阿片生産量の総額は、明治二五年（一八九二年）に八貫目、明治二六年（一八九三年）に一九貫目、明治三〇年（一八九七年）から、三二年（一八九九年）にいたる三年間は、「僅々三貫目に過ぎなかった」。全国で生産する阿片の総量が三貫目、すなわち、一一・二五kgぐらいしかなかったのであるから、この時期がケシ栽培の最も衰微した時と見なしうる。

台湾領有以前の時期から、ケシに注目

ケシ栽培が最も衰微した、この時期、とにかく生産を継続させていたのは、彼のいる三島郡の、しかも、彼を含む二三人の有志だけであった。そのおかげで、内地におけるケシ栽培の命脈がたもれたのだと、彼は自負しているが、その通りであろう。

「然らば、斯《か》く凋落した場合に、僅《わずか》三貫目だけでも尚、生産を続けて居ったのは何《いず》れの地方であるかと申しますと、独り我三島郡だけでありまして、其《それ》も私及二三の有志があったに過ぎませぬ。若し我等が断念したならば、命脈を続けて今日に及ぶことが出来なかったのであります。」（前掲、二反長音蔵『罌粟栽培及阿片製造法』、一四頁）

これまで、二反長音蔵が阿片の国内自給を思いつき、ケシ栽培の普及を図るようになったきっかけは、日清戦争で領有した台湾において、日本が阿片政策を実施したことからと説明されてきた。例えば、二反長半『戦争と日本阿片史』も次のように述べている。

「音二郎がケシの栽培を思いついたのは、新聞で台湾島民の吸飲阿片を輸入する金額の莫大さに驚いたからで、そのための国費の海外流出が国の経済にまで影響すると書いてあったことによる。」（前掲、二反長半『戦争と日本阿片史』、八頁。なお、音二郎は音蔵の若い時の名前。）

しかし、さきに紹介した史料から判断すると、どうも、それは違っているようである。彼は、もっと前から、すなわち、台湾領有以前の時期から、ケシに注目している。

二反長音蔵とケシを最初に結びつけたのは、（これまで、いわれてきたような）台湾における阿片政策ではない。別のものである。それを、私は、同じ大阪にある道修町（どしょうまち）の存在に求める。すなわち、道修町は、薬を専門に扱う昔からの問屋街である。現在も薬関係の店が多く軒を並べている。薬専門の問屋街であるから、当然、阿片も取り扱った。

二反長音蔵のいる三島郡（北摂地方という）は、道修町に比較的近い。また、土質がケシの栽培に適していた。そこで、道修町の需要に応える形で、かなり以前、すなわち、江戸時代中期から、ここで、ケシ栽培＝阿片生産が、ある程度の規模で行なわれてきたのではなかろうか。その伝統の延長線上に、二反長音蔵の活動があったと私は推理する。ただ、江戸時代や明治初期の研究が欠落しているので、以上の説は、現在の段階では、推測の域を出ないが。

この点で、『大東亜』の次の説明が参考になる。

「内地の和歌山・大阪両府県は内地生産量の約九八パーセントを占めてゐる。これは同地方が自然的条件に恵まれてゐるためと、本邦薬種市場の中心たる大阪に近いため、明治初年より既にその栽培が始まってゐるのに因るのであらう。（中略）

近世に於ける記録は約百年前の天保八年に摂津の三島郡西面村の太田四郎兵衛なる者が大阪の道修町の薬店に寄留中その実家に罌粟の栽培を勧めて、初めて製造を開始したとのことである。」（『大東亜』、七頁）

台湾における阿片の専売制度

このように、二反長音蔵は、明治の中ごろ、二三の有志とともに、ほそぼそとケシ栽培の伝統を守っていた。この問題で、いわば孤軍奮闘していた彼を、「神は見捨てず」、ついに天祐がくだる。それが、日清戦争による台湾の領有であった。ここから、彼のケシ栽培が、時代の脚光を浴びるようになる。次はその経緯である。

明治政府は中国における阿片の弊害のひどさに驚き、日本への阿片の流入を極力、拒んだ。幸いに、外国から阿片の輸入を強制されることもなかったので、日本はしばらく阿片問題を忘れることができた。ところが、日清戦争（一八九四〜九五年）の後、台湾を領有したことから、あらたに阿片問題が起こってくる。台湾領有時、阿片政策については、いろいろな意見があったが、結局、後藤新平が唱えた漸禁主義（ぜんきんしゅぎ）をとることになった。それは一挙に阿片を禁止せず、時間をかけて、少しずつ禁止してゆこうというものであった。

このためには、植民地当局が阿片の専売制度をしいて、阿片の生産・供給を管理する必要があった。まず、台湾島内でケシ栽培は禁止され、非合法の栽培はきびしく処罰された。その上で、日本が外部から台湾の阿片中毒者が必要とするだけの量の阿片を輸入し、彼らに供給することにした。この供給量を少しずつ減らしてゆけば、自然のうちに、無理なく台湾における阿片中毒者を絶滅できるはずのものであった。

専売制度は「濡れ手に粟」

この計画自体はけっこうなものであったが、しかし、一方で阿片の専売制度を伴っていることが、後に問題を残した。すなわち、塩、タバコの専売制度でも同様なことがいえるが、専売制度は、とにかく、とほうもない利益をもたらした。普通の商品の価格は需要と供給の関係で決まる。ところが、専売の場合は、専売を行なう側が一方的に価格を決定できた。

消費者側はそれが高いから、他の商品を買うとかいうことはできず、たとえ、それがいくら高かろうとも、それを買うよりしかたがなかったからである。阿片も同様であって、阿片中毒者（癮《イン》者《ジャ》という）にとって、阿片を摂取しなければ、禁断症状が出て、ひどく苦しまねばならなかったから、その値段を、とやかく、いってはおられなかった。

四方を海に囲まれ、外界との接触をたちやすい台湾では、阿片の専売制度は比較的容易に施行することができた。こうして、阿片専売制度は植民地当局に莫大な利益をもたらした。一度、「濡れ手に粟」のように、容易に金を得られることがわかると、今度はこれをやめるのは、なかなか難しかった。人道上、また、国際世論を考慮すれば、本来は漸禁主義に基づいて、阿片の供給量を一定の率で減らしてゆくべきであった。ところが、そのようにすれば、ほぼ同じ率で、専売の売り上げも減少することが、当然、予想された。

阿片専売の収入は、台湾植民地当局の財政の基幹部分に位置づけられるほどになっていたから、財政的な観点からは、実際上、容易に阿片の供給量を減らしてゆくことはできなかった【表1参照】。こうして、台湾における漸禁主義は、ほぼ名目となり、阿片中毒者の減少はごくわずかにすぎなかった。かなり長期にわたって、阿片中毒者の一群が存在し続けた。

【表1】から知られるように、一九二一（大正一〇）年度から、台湾の阿片の輸入数量が顕著に減っている。国際世論がやかましくなってきたこと、他の産業が興り、そこからの税収入に依存できるようになったこと、及び、台湾人民を労働力として考えるようになり、彼らの心身の健康が望まれるようになったこと、――こういった、いくつかの理由から、この時期に至って、日本側はようやく、やや本気になって、阿片供給量を減らし、台湾における阿片中毒者を減らしていったのである【図4参照】。

二反長音蔵の着眼点

このように、日清戦争後、日本の領有に帰した台湾において、日本はいわゆる阿片の漸禁政策を行なう。それは、阿片を直ちに禁止するのではなく、時間をかけて次第に禁止してゆこうというものであった。この政策には阿片の専売制度が付随していた。すなわち、日本側は、島内でのケシ栽培を厳禁し、外国から輸入した阿片を、あらかじめ登録させた阿片中毒者に売り渡した。専売制度なので、輸入した価格に比して、何倍も高い値段で、阿片を売りつけることが可能であった。だから、阿片の専売制度は植民地当局に莫大な利益をもたらした。その収益は、当分の間、台湾における植民地財政の基幹部分を形成するほどであった。

このように、台湾における阿片政策は、全体としては、日本側に大きな利益をもたらした。しかし、局部的に見ると、阿片政策の遂行に必要な阿片を大量に外国から輸入しているので、その際、日本側はかなり多額の代金を支払わねばならなかった。【表1】で示すように、インド、ペルシャ[イラン]、トルコなどから、日本側は大量の原料阿片を購入したから、この時、貴重な外貨がかなりな額、失われることになった。二反長音蔵は、この部分に目をつける。すなわち、彼は、台湾で阿片政策を遂行するのに必要な原料阿片を国内で自給できれば、貴重な外貨の流出を防ぎ、日本の国家財政をそれだけ助けることができると考えたのである。

このような考えの下に、彼は精力的に自分の畑にケシを作付けし、ケシ栽培の技術をみがいた。当初、彼は独力でケシを普及していったが、やがて、彼の仕事は、阿片を含む麻薬関係全体を統轄する中央官庁である内務省に認められる。

内務省の支持を得て、彼は大々的にケシ栽培の普及に乗り出す。その結果、彼の住む大阪府三島郡福井村は、日本国内におけるケシ栽培のいわば「メッカ」になった。そこでは、毎年のように、内務省主催で、二反長音蔵が講師となって、ケシ栽培の講習会が開かれた。

また、後述するように、大阪府のケシ栽培は内地で第二位であったが、その産地はほとんど旧

表1　台湾における阿片の輸入

年度	数量 (kg)	価格 (円)	ベナレス阿片	パトナ阿片	ペルシア阿片	トルコ阿片	四川阿片	朝鮮阿片	雑種土
1898（明治31）	149,200	1,709,494			98		2		0
99（　32）	234,554	2,956,924			98		2		0
1900（　33）	198,246	2,962,639	9	4	82				5
01（　34）	146,110	1,908,729	15	4	81				0
02（　35）	131,503	1,332,166	23	14	63				0
03（　36）	133,493	1,944,096	32	20	48				0
04（　37）	121,896	1,925,313	48		52				0
05（　38）	187,792	2,693,895	49		21	22	8		0
06（　39）	219,197	2,815,212	46	0	16	26	12		
07（　40）	193,365	2,667,241	44	9	47	10			
08（　41）	157,907	2,269,119	46		54				
09（　42）	142,153	2,565,721	6	28	64	2			
1910（　43）	138,428	3,041,004	10	12	27	51			
11（　44）	84,490	2,300,246	37		56	7			
12（大正元）	136,597	3,305,964	42	11	43	4			
13（　2）	131,433	3,118,943	25	20	44	11			
14（　3）	111,913	2,082,508	53	1	39	7			0
15（　4）	107,552	2,129,193	58	2	38	2			0
16（　5）	126,702	3,845,037	39	8	53				0
17（　6）	119,515	4,712,509	57		43				0
18（　7）	99,466	4,680,719	79		21				0
19（　8）	135,426	6,875,117							
1920（　9）	126,832	4,453,674							
21（　10）	21,985	616,047							
22（　11）	72,530	1,366,059							
23（　12）	57,841	1,875,651							
24（　13）	58,403	2,058,150							
25（　14）	62,047	2,467,446							
26（昭和元）									
27（　2）									
28（　3）									
29（　4）									
1930（　5）									
31（　6）									
32（　7）	20,941	651,069			82	9		9	0
33（　8）	16,175	505,530			80			20	
34（　9）	7,258	238,850			100				
35（　10）	3,276	86,492			45	55			
36（　11）	3,641	100,127			100				
37（　12）	0	0							
38（　13）	0	0							
39（　14）	12,621	555,492			20			80	
1940（　15）	7,315	536,610						100	
41（　16）	11,473	975,567						100	

「日本帝国統計年鑑」による。なお、輸入先（数量）の国別を百分比をもって示した。

図4　台湾における漸禁政策の実際（概念図）

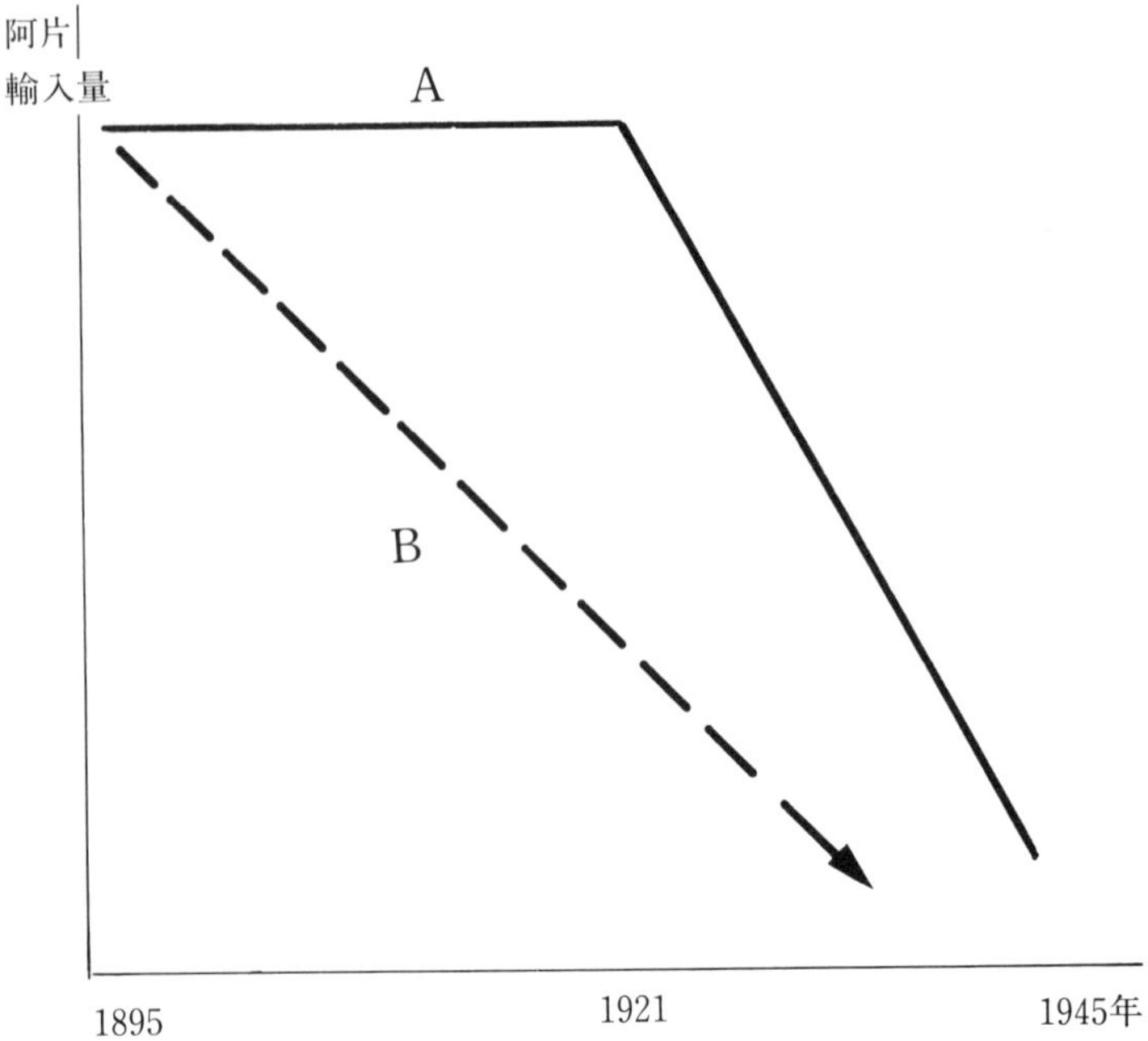

A　台湾における阿片輸入量の実際の推移　　時間
B　漸禁政策に基づき、本来、あるべき姿

三島郡（大阪府の北よりの地方。北摂地方といわれる）に集中していた。それには、土質がケシ栽培に適していることなども多少、関係するであろうが、基本的には当地方が二反長音蔵のいわば本拠地であったからである。多くの農民が、彼の影響を強く受けて、ケシを栽培していった。

初期におけるケシ栽培

また、前述の『罌粟栽培及阿片製造法』の中に、大正四年度（一九一五年度）の、内地におけるケシ栽培の府県別の統計が載っている【表2】。これによれば、彼がいる大阪府がさすがに作付面積では一番であるが、しかし、栽培人員は岡山県が圧倒的に多い。ほとんど大阪府の二倍である。岡山県の栽培農家が、比較的狭い面積でケシを栽培しているのに対し、大阪府の場合、農家一戸当たりのケシ耕作面積が広いことがわかる。後に内地で最大になる和歌山県は、この段階では、まだ一二番目であり、目立たない。約二〇年の間に、なにが原因か不明であるが、岡山県におけるケシ栽培は凋落し、後発の和歌山県がトップに躍り出たことになる。

現在も、ごく少数（一〇～二〇人）であるが、ケシ耕作農民がいる。彼らの多くは岡山県である。前述のように、大正年代には、ケシ耕作農民の数は、岡山県が最も多かった。両者の間に、

表2　1915（大正四）年度のケシ栽培の状況

府県別	作付反別	耕作人員
大阪	978.419反	993人
岡山	827.211	1753
福岡	112.606	167
高知	87.811	3
愛媛	43.910	11
広島	39.000	58
石川	20.001	24
千葉	13.300	14
三重	11.415	17
京都	10.320	13
静岡	10.220	29
和歌山	7.525	141
奈良	7.300	6
長野	6.814	7
兵庫	3.417	5
愛知	3.312	4
滋賀	3.200	4
群馬	2.500	1
佐賀	2.309	4
茨城	1.702	2
長崎	1.000	1
埼玉	0.728	1
神奈川	0.700	2
香川	0.620	1
山口	0.200	1
計	2296.129	3262

「大正四年度罌粟栽培人員及作付反別一覧表」（前掲、二反長音蔵著『罌粟栽培及阿片製造法』、26頁）より作成。

直接の関係はなかろうが、私は、そこから、なんとなく、いわば隔世遺伝が働いているような印象を受ける。大正年代、最も多くのケシ耕作農民がいた歴史が、現在、変な形で蘇えっているのかもしれない。とにかく、大正年代、一〇〇〇人を越えるケシ耕作農民が岡山県にいたことから、なんらかの形で、ケシを栽培したという経験が言い伝えとして長く残っていて、それが、現在に繋がっているとしたら、本当におもしろいと思う。

ケシの品種改良

彼は、『罌粟栽培及阿片製造法』の中で、モルヒネ含有量についても述べている。まず、古い所では、一八八三年度（明治一六年度）に、内務省衛生局薬草試植園が、同園で栽培したケシから取った阿片のモルヒネ含有量を紹介している。最も優秀なものでさえ、わずかに九・二四％に過ぎない。時期が早いので、まだ、本格的に品種改良をしていない段階のものということになる。

また、前述したように、明治中期の規則では、せっかく、ケシ耕作農家が納入しても、モルヒネ含有量八％以下のものは、不合格として代金を支払わなかったという。この数字を見れば、品種改良がまだ遅れていた当時にあっては、八％のレベルさえ、それを突破することが、けっこう、難かしく、農家の納入した阿片の多くが不合格になったことがよくわかる。

その後、二反長音蔵は、外国からケシの種子を取り寄せ、品種改良にも精力的に取り組んだ。この段階では、他の所がケシの品種改良に取り組んでいたとは思われないから、その仕事は彼のいわば独壇場であった。長い年月をかけて、病虫害に強く、また、モルヒネ含有量が高く、かつ、

表3　モルヒネ含有量の推移

年度	最低	最高	平均
1908（明治41）	10.21%	17.18%	13.07%
1909（明治42）	5.29	19.56	12.37
1910（明治43）	5.00	20.32	14.00
1911（明治44）	5.36	21.17	15.16
1912（大正元）	5.59	20.55	13.69
1913（大正 2）	7.45	22.26	16.78
1914（大正 3）	8.89	24.20	17.51

「内国産阿片莫児比涅《モルヒネ》含量」（前掲、二反長音蔵著『罌粟栽培及阿片製造法』、29頁）より作成。

採取する阿片汁も多い品種を求め続けた。この方面でも、彼は大きな成果をあげる。

在来種のモルヒネ含有量は、せいぜい八％そこそこであったが、品種改良に努力したかいがあって、モルヒネ含有量は徐々に増えてゆく。一九〇八年（明治四一年）から、一九一四年（大正三年）にかけてのモルヒネ含有量の統計がある【表3】。

それによれば、一九〇八年で平均一三・〇七％だったのが、一九一四年には、一七・五一％に増大している。また、最高値でいえば、二四・二〇％にもなっている。平均値だけ見ても、明治初年の数値に比べ、モルヒネ含有量は、ほぼ二倍になっている。彼の多年に及ぶ品種改良の試みが、こうした好結果を生み出したのである。彼のたゆまぬ努力を、率直に評価せざるをえない。

このように、改良に改良を重ねた結果、モルヒネ含有量二〇％程度もある極めて優秀な品種を作るのに成功した。こうして、作りあげた優良品種に、彼は、三島種、福井種などと自分の郷里の地名をつけている。

一貫種＝日本の標準品種

さらに、とびぬけて評価される優良品種が作られる。それは、一段（九・九アール）から一貫匁（三・七五kg）もの生阿片を採取できた。一貫匁もの収穫があることにちなんで、それは「一貫種」と命名され、やがて、日本で栽培されるケシの標準品種となった。

本来、ケシの花には、白、赤、ピンク、紫、臙脂《えんじ》など、さまざまな色があった。しかし、この「一貫種」の花の色が白であったことから、日本内地で植えつけられたケシの花の色は白一色となった。さまざまな色のケシの花が色とりどりに咲き乱れるという状況は、そのため、日本（および外地でも日本側が主導的に栽培した所を含め）では、跡を断つ。

こうして、五月の花どき、ケシの産地では、白いケシの花があたり一面に咲きそろい、時ならぬ雪景色を思わせるような光景を出現させた。これに対し、日本側の手の届かない中国側のケシ栽培の地域では、二反長音蔵が作りあげた「一貫種」など関係なかったから、白、赤、ピンク、紫、臙脂など、さまざまな色のケシが、昔どおりに、色とりどりに咲き乱れた。

二つの画期

二反長音蔵が提唱した、ケシの国内栽培＝阿片の自給が、為政者に認められてゆくのには、二つの画期があった。まず、第一は、前述した台湾領有に伴う阿片専売制度の施行であった。第二は第一次世界大戦の勃発である。『罌粟栽培及阿片製造法』の中に、一八九八年（明治三一年）から一九一四年（大正三年）にかけての内地阿片生産量の統計がある【表4】。この統計に、一九一五年と一九一六年の分まで加わっている。ここだけ概数になっている。従って、この部分は、たぶん、正式の統計数字ではなく、著者の二反長音蔵が推定したものであろう。

これを見ると、内地阿片生産量はずっと低い水準にあったが、第一次世界大戦を契機にして、急速に増大している。戦争で外国から薬品の輸入が途絶し、やむなく、国内生産が図られる。阿片・モルヒネも他の薬品と同じように、この時、国内生産に方針が変更する。本を執筆した時点と近いので、その点を次のように、彼は述べている。

表4　内地の阿片生産量の推移

年度別	生産量
1898（明治31）年	13.697基
1899（明治32）	12.079
1900（明治33）	13.843
1901（明治34）	39.512
1902（明治35）	61.022
1903（明治36）	128.393
1904（明治37）	87.356
1905（明治38）	38.046
1906（明治39）	8.248
1907（明治40）	16.659
1908（明治41）	3.885貫
1909（明治42）	7.396
1910（明治43）	10.665
1911（明治44）	15.648
1912（大正元）	22.298
1913（大正 2）	29.294
1914（大正 3）	37.890
1915（大正 4）	約100.000
1916（大正 5）	約400.000

「自明治三十一年至大正三年内地阿片生産量」（前掲、二反長音蔵著『罌粟栽培及阿片製造法』、28頁）より作成。

「時、遇々《たまたま》、全欧州の戦乱となり、外国産阿片、及、莫児比涅《モルヒネ》の輸入困難となりましたので、内務省に於ても内国産阿片増加の必要を感じ、広く全国に向って、阿片生産を奨励せらるる事となり」（前掲、二反長音蔵『罌粟栽培及阿片製造法』、二五頁）

こうして、二つの画期を経て、二反長音蔵の年来の主張は為政者に認められてゆく。彼は、時を得た昇竜のような勢いで、ケシ栽培の普及に、没頭してゆく。

外地まで出かけ、ケシ栽培を指導

彼は、ケシ栽培を普及するためなら、労を厭わず、どこへでも出かけ、実地に指導した。彼の足跡は内地だけでなく、遠く、朝鮮、満州、内モンゴルにまで及んでいる。というのは、後年、日本が外地においても、ケシ栽培を行なうようになると、彼は現地に出かけ、直接、指導するように依頼されたからである。

「昭和九年と、十三年、十八年の三回にわたって、音蔵はこの非常時体制下の満州国から招聘され、広範なケシ栽培阿片製造指導に出かけている。」（前掲、二反長半『戦争と日本阿片史』、一四〇頁）

このように、彼は晩年に到っても、なお、老軀にむちうって、満州国などに出かけて、ケシ栽培の普及に努めたのであった。

一生をかけて、ケシの普及に精力的に努めたことから、とうとう、彼は「阿片王」といわれるまでになった。しかし、彼の場合、「阿片王」という表現よりも、むしろ、子息の二反長半氏がその著書の中で、いみじくも述懐しているように、「阿片狂」といったほうが、ふさわしかった（前掲、二反長半『戦争と日本阿片史』、二六頁）。また、音蔵のなした仕事の内容に則していえば、「ケシ普及王」といった表現のほうが、より一層、実態と合っていた。

阿片増産の旗振り役をつとめる

二反長音蔵の生涯をかけた尽力がみのり、日本の阿片生産額は飛躍的に上昇した。当初、夢のように思えた台湾における専売用の原料阿片を自給することも、やがて実現できた。彼の功績は偉大であり、彼のお蔭で日本の国家財政はいく分か助けられた。たしかに、彼の「愛国」的努力は大きな成果をあげた。しかし、彼の尽力の下に増産された阿片は、台湾やその他の地域の人々を破産させ、また、彼らの心身の健康を確実に損なうものであった。

そのことを彼が知らないはずがなかった。そのことを彼はよく承知しながら、なお、敢えて阿片増産の旗振り役をつとめたのである。その際の彼の逃げ口は、阿片が一方で薬用モルヒネの原料であることだったという。

たしかに、薬用モルヒネが医療上、必要であることは言をまたない。しかし、薬用モルヒネと

表 5　大阪府における阿片生産状況

年	作付面積(ha)	( )内は三島郡のみを示す	収　穫　高(kg)	価　　格(円)	ケシの種子(kl)
1926(昭和元)	200.5	(199.0)	1,776	106,794	
27(　2)	242.2	(240.4)	2,348	136,751	
28(　3)	372.1	(367.5)	4,305	272,089	93.1
29(　4)	464.9	(453.2)	4,633	292,989	86.8
30(　5)	277.1	(274.4)	3,412	203,898	84.1
31(　6)	274.8	(272.3)	4,148	176,310	87.3
32(　7)	279.7	(276.6)	3,377	144,179	107.5
33(　8)	284.4	(279.0)	3,557	108,151	102.5
34(　9)	297.7	(292.5)	3,693	110,848	86.9
35(10)	332.7	(319.2)	3,907	125,789	114.5
36(11)	340.2	(319.0)	4,652	127,630	117.0
37(12)	346.4	(340.4)	5,602	168,456	121.4
38(13)	301.6	(294.1)	4,609	144,691	109.5
39(14)	294.8	(285.8)	6,854	193,361	
40(15)	301.6	(292.1)	6,448	243,629	120.5

大阪府編「大阪府統計書」による。なお、価格にはケシの種子の分は含まれていない。

麻薬に使われる分を比較すれば、たぶん、麻薬としての阿片・モルヒネに使われるほうが多かったのではなかろうか。生涯をかけて、人々から財産と健康を奪う麻薬である、阿片の普及、増産につとめた「阿片王」＝二反長音蔵の気持ちが、私には、もう一つ、わからないのである。

大阪府におけるケシ栽培

大阪府のケシ栽培は和歌山県についで第二位である。しかし、【表5】で示すように、前述した二反長音蔵のいた(旧)三島郡にほとんど集中しており、それ以外の地域では見るべきものはない。これが第一の特徴である。また、後述するように、戦時体制の深まりに比例して、和歌山県の阿片生産額は飛躍的に増大している。それに対し、大阪府の阿片生産額は一九二九年を頂点として、大体、現状維持に近い。和歌山県ほどの飛躍的な増大は見られない。

これは大阪府の置かれた条件、すなわち、工業地帯が多く、農村地帯が比較的少ないこと、また、農業の性格も大都市の住民に農業生産物を供給する都市近郊型であったことなどに規定されたからであろう。大阪府は、結局、二反長音蔵との関係でケシ栽培が古くから行なわれた所ではあったが、しかし、それを拡大するには向いていなかったのである。

なお、【表5】の特徴としては、「ケシの種子」の項目が設けられていることであり、微細なものの代名詞になっている「けしつぶ」を相当、大量に納入させている。『大東亜』はその用途を「種子(菓子殊に金米糖《こんぺいとう》及び料理用)、罌粟油(種子より取り食用・燈用・軟石鹼の製造・油絵具の溶解などに用ひる)」(三〇頁)と説明している。

アンパンや和菓子の表面に微細なツブツブがかかっている時がある。あれがケシの種子であって、歯ざわりを変えたり、独特な風味をつけるのに使われている。今日、これらのケシの種子は輸入品である。なお、加熱処理が施されているので、これを蒔いても発芽しない。念のため!

二反長音蔵の遺族を訪ねる

私は一九九〇年一月、大阪府茨木市に、二反長音蔵の遺族を訪ね、調査した。それは、当時、娘さんが大阪府立福井高等学校に勤めていた大阪府吹田市在住の柏木卓司氏の案内によるものであった。その時の実地調査の第一の収穫は、彼の名前が従来、誤って読まれていたことを発見したことである。遺族から次のような説明を受けた。すなわち、明治初年、庶民も姓を名のることが初めて許された時、先祖がこの姓を作った。当時、家にかろうじて二反の田畑があった。それをもっと長くしたいという願いをこめて、二反長（にたんちょう）という珍しい姓を名のった。だから、「にたんちょう」が戸籍上の正しい読みかたである。

半（なかば）氏は音蔵の次男で、児童文学者として成功する。彼は、二反長の姓を「にたんおさ」と、わざと別に読ませ、それをペンネームとした。そのため、父の音蔵まで、誤って「にたんおさ」と読まれることになった。二反長の姓は、自分の所と、東京に出た次男の半氏の二軒の系統しかないはずであると。

著者の半氏が自分の姓を「にたんおさ」と読ませている以上、詳しい事情を知らない読者が、誤って、父親の音蔵の姓まで「にたんおさ」と読んでしまうのは、当然であろう。また、二反長半著『戦争と日本阿片史』（二一頁）には、二反長に「にたんおさ」とルビが振ってある。しかし、同書の刊行直前に半氏は急死しているので、このルビは、半氏ではなく、編集者が勝手につけたものと、私は推測したい。

明治の篤農

二反長音蔵の遺族の家は、周囲の農家とそれほど変わらない規模であって、とくに大きく立派なものではなかった。訪ねる前、私は、なんとなく、彼の家はもっと大きく立派なのではないかと予想していた。しかし、実際に訪ねてみて、私の予想は覆った。

地域によって、多少の違いがあろうが、「五反百姓」が、大体、貧農の代名詞であった。五反程度の農地では、生きてゆくのが、やっとだったからである。とするならば、二反では、農業だけでは、到底、生きてゆけなかった。やむなく、農業以外の仕事に従事し、そこから、別の収入を得ることで、かろうじて生きてゆかねばならなかったはずである。だから、この名字をつけた時期、二反長家の先祖は、まごうことなき、貧農であった。

しかし、前述したように、音蔵は、ケシの普及で国家に並みはずれた貢献をした。国家（内務省・厚生省）も、これに応えて、経済的に彼の尽力に報いる。こうして、彼の代になって、貧農から、かなりの富農に上昇する。その結果、彼の家は、もっと広大なものになっているのではないかと、私が勝手に想像していたのである。しかし、私の予想はみごとにはずれてしまった。

結局、彼は明治の篤農であって、自分個人の利益はあまり考えなかったようである。国家の財政を助けるために、一銭の儲けにもならないのに、家の仕事をほおりだし、東奔西走したのであろう。実際、内務省・厚生省の主催する講習会の講師を勤めても、それは名誉にはなっても、たいした金にはならなかった。

また、内務省・厚生省などから頼まれ、内地や遠く外地にまでわざわざ出かけて、ケシ栽培を実地に指導しても、彼個人の収入にはならなかったのである。

そういった指導に当たり、彼が、謝礼を求めれば、彼の実績と働きに鑑みて、当然、かなりの謝礼は得られたはずである、しかし、彼はそれを敢えて求めなかった。要するに、彼は、一種の職人、技術者であって、決して商売人ではなかったということである。彼の抱負と技術を認めてくれさえすれば、たとえ金にならなくても、喜んで、どこへでも出かけたのである。彼としては、自分の所が豊かにならなくても、ケシ栽培を普及しさえすれば、それで満足だったのであろう。欲がなかったのである。国家のために尽くせばよいとだけ考えたのかもしれない。

ケシ栽培の普及は国家に尽くす手段

現在では、農作物や園芸作物に対する品種改良の努力は、特許によって守られている。すなわち、品種改良によって得られた優良品種に対しては、特許が認められていて、優良品種の作成者＝特許権者の許可なく、勝手にそれを植えることは禁じられている。それを植えようとすれば、特許権者に規定の料金を支払わねばならない決まりである。このようにして、品種改良の努力は公に保護されている。

もし仮に、こういった規則が、以前にすでに存在すれば、二反長音蔵のケシの品種改良の努力は、当然、経済的に報いられていた。彼が作りだした「一貫種」などの優良品種は、国内外で大々的に作付けされた。「一貫種」の作付に支払われる特許料が、たとえ、少額であっても、作付けされる「一貫種」の量が莫大なものであったから、全体として、彼が受け取るべき特許料は、やはり、巨額なものになったはずである。そうすれば、音蔵は、居ながらにして、毎年、相当な収入が得られることになり、かなりの財産家になったはずである。しかし、残念なことに、当時、まだ、品種改良に対する特許はなかったから、こういう形で彼の努力が報いられることはなかった。

また、もし仮に、当時、すでに品種改良に対する特許権が認められていたとしても、二反長音蔵がその権利を素直に享受したかいなか、おおいに疑問である。せっかく、公に認められた権利であっても、その権利を自分から放棄してしまう可能性も十分、存在した。彼にとって、ケシ栽培の普及は、国家に尽くす手段であって、決して金もうけのそれではなかったはずだからである。従って、彼は、敢えて経済的に報いられることを度外視し、特許料を払わずに、誰でもケシを植えられるように取り計らうほうを選んだのではなかろうか。

明治生まれの篤農として、彼は、自分個人の利益よりも、むしろ、国家的利害のほうを優先した可能性のほうが高かったであろう。このように考えれば、大きな仕事をした割には、彼は結局、経済的にはあまり報いられなかったと私は推測する。それが、現在の彼の遺族の家の規模となって現われているのである。

二反長音蔵が土産に持ち帰った花瓶

補修されている大型の花瓶

遺族の話では、ケシ栽培・阿片製造関係の文書は何も残っていない。音蔵が残した文書類は、半氏が、みんな東京に持っていったので、こちらには何も残っていないという話であった。実際、阿片関係のものはほとんどなかった。

部屋に、高さ一メートルもある、大

きな中国製の花瓶が飾ってあった【写真参照】。これは、音蔵が何回目かに満州に出かけた時に買って帰った土産ということであった。立派な花瓶であるが、しかし、それは割れていて、割れた所を、漆かなにかで補修してあった。家に持ちかえってから、割ったのでなく、すでに割れて補修されていたものを、珍しいといって、わざわざ土産に買ってきたものであるという。

すでに割れて補修されていたのであるから、当然、値段は格安だったはずである。完形品ならば、これだけ大型の花瓶であるから、高くて、音蔵の懐具合では手がでなかったであろうが、これなら、買えたということであろうか。たとえ、かなり割安で入手できたとしても、わざわざ、初めから割れた花瓶を土産に買ってくる。そんな所から判断して、彼はやはり、少し変り者だったのではなかろうかというのが、私の感想である。

わずかに薬研などが残るのみ

阿片生産に直接、関係するものとして、唯一つ、薬研（やげん）が残っていた【写真参照】。薬研は、漢方薬の調合などに用いる道具で、これを使って、ごく小量の材料を粉末にした。現在では、珍しいものになっている。

阿片生産では、まず、採取した阿片汁を、天日か、あるいは炭火で乾燥させる。次にこれを粉末にせねばならなかった。阿片を粉末にするのに、この薬研を使った。前掲の二反長半の本の中に、阿片を納入する頃、村中、阿片の異様な匂いに包まれるという表現が出てくる。

阿片を粉末にするために使った薬研（やげん）

「ガリガリガリンと、暑い夏の日に、阿片農家から乾燥した阿片を粉末にする薬研の音が聞かれた。村じゅうにモヒ、阿片の匂いが流れる。その薄茶色の粉を茶筒に入れ、規定の紙に氏名その他を書きこみ村役場へ持参するのだった。」（前掲、二反長半『戦争と日本阿片史』、三二頁）

粉末になった生阿片を、ブリキ製の茶筒に入れ、これに生産者の名前を記して、オカミに納入した。納入に当たって、わざわざ阿片を粉末にしたのは、たぶん、モルヒネ含有量を計測するのに便利にするためであろう。

このように、ケシ耕作農家は、薬研を使用して、阿片を粉末にした。だから、当時、薬研は必需品であった。ところが、薬研は、けっこう高価なものであって、どの家も持つわけにはゆかなかった。実際、家ごとにそれぞれ持つ必要はなかった。必要な時だけ、借用すればよかったからである。だから、薬研は集落で一つか、二つあれば、十分、間に合ったと推察される。

そのように使われた薬研が、往時の阿片生産を物語る、ただ一つのものとして、音蔵の家に残っていたのである。許可を得て、私は、実際、丸い車輪状のものを手に持って、舟型の中で、何回かゴロゴロ、前後に動かしてみた。以前、この薬研で、阿片を「ガリガリガリン」と粉末にしたのかと思い、私はつい、興奮してしまった。うれしくなって、薬研の写真を何枚も撮ったことを思い出す。

戦時中、強制作付け

その後、少し離れた所にある真龍寺というお寺を訪ねた。そこで、住職から、二反長音蔵が執筆したケシ栽培・阿片生産に関する本（一九三〇年発行のもの）を見せてもらい、コピーさせてもらった。また、柏木卓司氏と連れ立って、近くの畑をまわり、畑に出て働いているお年寄りに、この辺りの戦前のケシ栽培のようすを聞いてみた。彼らから、戦前、この辺りでは、多くケシを栽培していたこと、また、戦時中は、オカミからケシの強制作付けがあったということを聞き出すことができた。

わずか半日だけの調査だったので、それほど大きな収穫はなかったが、それでも、二反長音蔵とケシ栽培のことについて、ある程度のことを知ることができた。あらかじめ、二反長音蔵の遺族の家を見つけておいてくださり、当日、わざわざ、仕事を休み、案内していただいた柏木卓司氏にあらためて、お礼を申し上げるものである。

前述したように、二反長音蔵とケシ栽培に関する史料は、すべて、次男の半氏が東京に持っていったとのことであった。実際、この音蔵の遺族の家には文書らしいものは何も残っていなかった。二反長半氏は、前述の本（『戦争と日本阿片史』）を書き上げるが、実は本の刊行直前に急死してしまう。父親の伝記を執筆するために、彼が使った阿片関係の史料は、ダンボールに何箱か分あって、東京の彼の遺族の所にまだ、そのまま、あるようである。貴重なものなので、この史料がなんらかの形で整理され、また、資料集として、世に出されると、本当によいと思う。

第三章　和歌山県におけるケシ栽培

全県レベルの研究は立ちおくれ

私は、さきに全国レベルでの、日本の阿片政策に関する研究が、かならずしも進んでいないことを指摘した。次に、和歌山県レベルでは、この問題がどうなっているかを見てゆく。

まず、和歌山県全体のレベルでも、やはり、この問題に関する研究はほとんどない。例えば、これまで刊行された旧版の『和歌山県史』には、もちろん、ケシ栽培のことは全く出てこない。近年、刊行された和歌山県史編さん委員会編『和歌山県史・近現代史料』、第一〜第五巻(一九七六〜七九年)を見ても、同様である。また、研究文献を集めた安藤精一編『和歌山の研究』、第六巻、研究文献目録・年表・索引篇(清文堂、一九八〇年、三六三頁)を探しても、ケシ栽培・阿片生産に関することは一つも載っていない。

このように、県全体のレベルでは、和歌山県におけるケシ栽培のことは、なぜか、徹底的に無視されてきた。こういった仕事を担当した人たちは、まさか、つい数十年前まで和歌山県であれほど盛大に行なわれていたケシ栽培のことを、すっかり、忘れてしまったのではあるまい。はなはだおかしなことである。

前述したように、戦前においては、たしかにこの問題を扱うことはタブーであった。しかし、現在は違う。ケシ栽培=阿片生産のことを扱っても、誰からも文句をつけられはしない。だから、これまでの、おかしな姿勢を反省し、和歌山県におけるケシ栽培のことを全県的な視野から、きちんと扱わねばならない。現実の歴史を客観的に眺め、和歌山県が阿片生産に果たした突出した役割を明らかにしてほしいものである。

町村史では扱っている

同じ和歌山県でも、全県レベルではなく、町村レベルになると、状況は一変する。より小さな範囲を扱う町村史では、ケシ栽培のことを、かなり丁寧に扱っている。両者の極端な違いに、私はむしろ驚いてしまう。次に、そういった町村レベルの研究（おもに町村史）に依拠して、和歌山県におけるケシ栽培の状況を述べる。

前述したように、一九一五年の段階では、和歌山県のケシの作付面積は第一二位であって、まだ、それほど目立たなかった。しかし、その後、約二〇年間に同県のケシ栽培は大きく発展する。和歌山県は、まず大阪府に隣接しているため、ケシ栽培を早くから提唱していた二反長音蔵の影響を受けやすかった。あるいはまた、和歌山県の気候や土質がケシ栽培に適していたのかもしれない。こういった事情から、ついに本家の大阪を追いこして第一位になってしまう。

【表6】は、一九二八年（昭和三年）の日本内地における阿片生産状況を示す。和歌山県が第一位で、大阪府がこれに次ぎ、両者を合わせると内地の生産量の九八%を占めた。他の府県はほとんど問題にならない。また、【表7】は一九二八年から一九三八年にかけての内地（とくに和歌山・大阪の両府県のみ、つけ加えてある）と朝鮮における阿片生産の状況である。

また、和歌山県総務部統計課『昭和十一年版、最近の和歌山県』付録の和歌山県物産分布絵図を見ると、有田郡南広と日高郡由良のところには、ケシの花の絵が描かれている【図5】。こうい

表 6　昭和 3 年度内地阿片生産状況

府県別	栽培面積 (ha)	買上阿片量 (kg)	同賠償額 (円)
和歌山	698.4	8091.8	584,507
大　阪	373.2	4458.8	296,417
香　川	9.7	70.9	4,679
京　都	5.9	68.6	4,267
奈　良	5.8	69.8	3,421
北海道	3.4	11.3	696
兵　庫	2.9	21.8	1,421
佐　賀	2.2	7.9	597
静　岡	0.9	9.8	662
其　他	2.6	7.9	551
合　計	1104.8	12817.5	897,218

「大東亜」P．11　第 2 表を転載。〔昭和 3 年度「阿片成績」内務省衛生試験所より引用〕とある。

った一般向きに公刊された本に絵までつけて示されていることから、当時、ケシ栽培はとくに秘密にされていたのではなく、かなり、おおっぴらに行なわれていたと考えられる。だいいち、その頃、八〇〇〇人以上もの農民がケシ栽培に従事していたのだから、たとえ、秘密にしようとしても、それは相当、困難であった。

なお、この絵図には昭和九年度の県内農産物の生産額の表が載っている【表8】。それによると、柑橘類が約三五二万円なのに対し、ケシは約三五万円であった。このように、ケシは生産金額で、特産の紀州ミカンの約一割を占めていた。

副業として好箇の罌粟の栽培

次の文は、当時の和歌山県のケシ栽培の概略を要領よくまとめていて、参考になる。

表7　本邦生阿片生産状況累年表

年次＼数量	ケシ栽培面積（ha）				生阿片生産量（kg）				同賠償金額（万円）			
	内地			朝鮮	内地			朝鮮	内地			朝鮮
	総数	和歌山	大阪		総数	和歌山	大阪		総数	和歌山	大阪	
1928（昭和3）	1,105	698	373		12,820	7,092	4,461		89.7	58.5	29.6	
29（4）			465	747				1,501		55.5		4.1
30（5）	850		277	735	9,182			1,400		37.8		3.6
31（6）	831	531	274	1,052	12,137			5,654		36.1		16.6
32（7）	830	531	280	1,068	8,601			7,634		25.6		23.5
33（8）	1,035	526	285	2,240	10,641	6,791	3,495	14,059	32.4	21.6	9.7	40.1
34（9）	868	522	298	2,177	15,823	11,569	3,855	11,339	47.8	35.5	11.3	34.3
35（10）		1,020	333		18,618	13,860	4,229	18,348	58.3	43.5	13.3	56.6
36（11）		1,032	340			12,102		27,305		44.3	12.8	79.7
37（12）		1,520	346			14,839		28,848		51.0	16.8	79.3
38（13）			301					27,712			14.5	78.2

「大東亜」p.13　第3表を転載。（薬用植物栽培法・和歌山県統計書・阿片成績・朝鮮総督府統計年報等より引用）とある。

図 5　和歌山県物産分布絵図

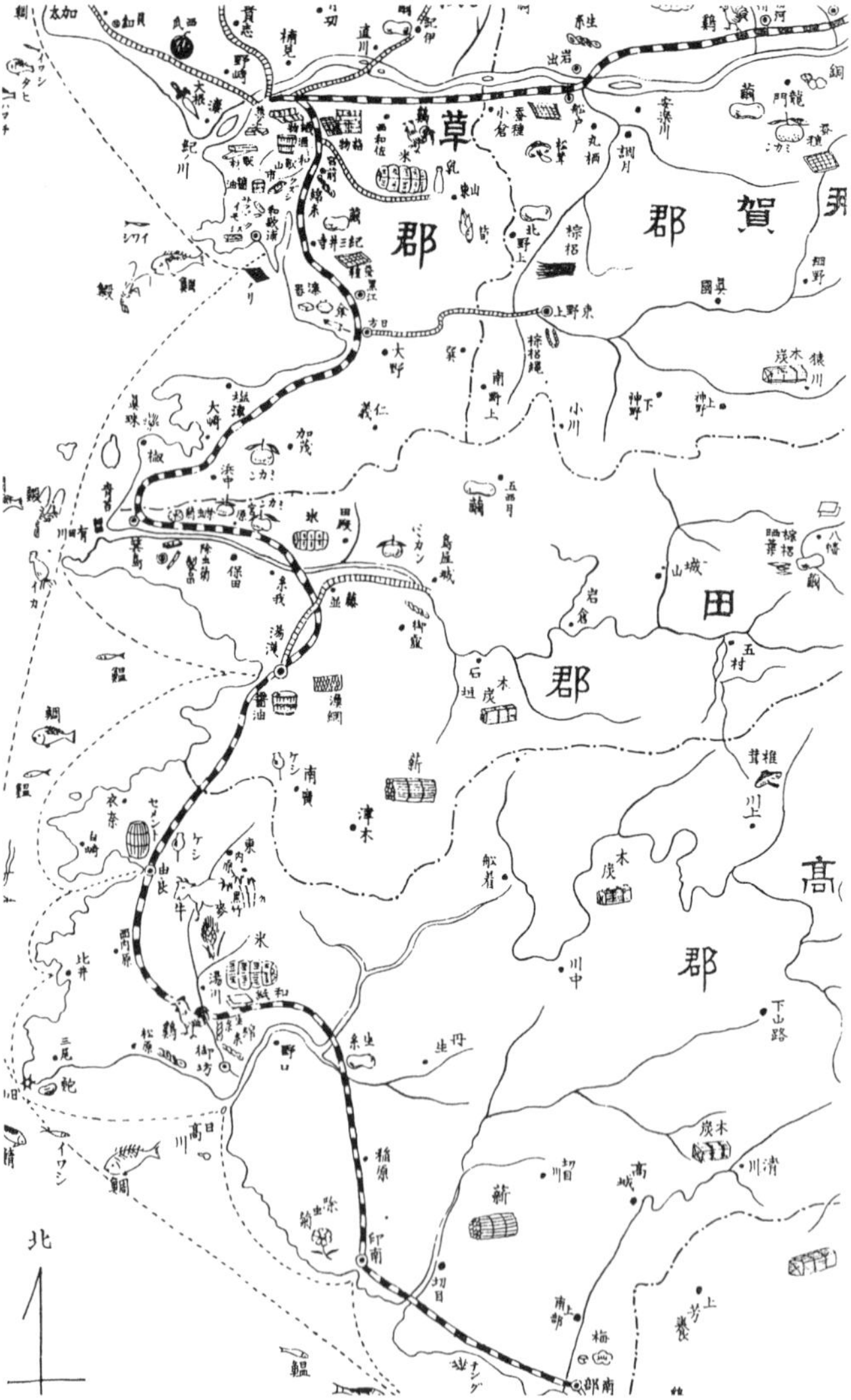

表 8　昭和 9 年和歌山県農産物の生産額

品　目	主　産　地	年　産　額（円）
米	各　郡	15,577,426
○柑橘類	有田、那賀、海草	3,521,501
麦	各　郡	2,590,517
繭	伊都、那賀	2,178,366
除虫菊	日高、有田	1,338,494
生大根	海草、和歌山	746,535
甘　藷	和歌山、西牟婁、日高	509,473
西　瓜	海草	371,818
○ケ　シ	有田、日高	354,811
梅	日高、西牟婁	325,711
柿	伊都、那賀	289,861
里　芋	海草、和歌山	276,372
蚕　種	伊都、那賀	274,846
蚕　豆	海草、那賀、日高	202,646
其ノ他		1,771,757
計		30,330,134

『昭和11年版最近の和歌山県』附録の『和歌山県物産分布絵図』記載の表を転載。

「副業として好箇の罌粟の栽培

罌粟の花――それは本県の副業として咲いた美しい花の一つである。

本県に罌粟の栽培を初めたのは大正四年に日高郡藤田村で栽培したのが初めであるが、罌粟栽培の有利なことを聞き込んだ有田郡南広村の人々は、翌五年に大阪府三島郡福井村農会より原種一升を購入し、分配して栽培を初めて見たが、発芽成績が悪くて面白くなかったところ、たまたま日高郡藤田村で罌粟栽培の講習会が開かれたので、これに出席して、内務技師の指導をうけて帰ってきた南広の人々が、其後、栽培に苦心した結果、同村の土質が極めて罌粟栽培に適当してゐた為か、すばらしい出来栄を見るやうになった。

その後、大正十年には賠償金が引き上げられ、一方、麦の価格が安くなると共に、罌粟栽培熱はとみに盛んになり、同村内は勿論、附近一帯に拡大し、栽培反別が著しく増加した。

稲の裏作として罌粟位、有利なものは、まづ、他になからう。一反歩百円近い収入があり、表作の米より遙かに利益の多いところもある。

大正五年から昭和四年頃迄、僅々十二、三ケ年の間に本県内で栽培反別一千町歩に達し、その発展振りは驚異に値ひする。このうち、約七割は南広村を中心とした有田郡の栽培である。しかし、あまりに急激に栽培が増加し阿片が沢山出来すぎるので、内務省が昭和四年秋蒔のものから、栽培反別に制限を加へるに至った。

本県内で五百四十五町歩以内に栽培反別が制限されたので、県に於ては各町村へ栽培反別を割当た。随って、四年以降は新しい栽培は許可されなくなり、以後は栽培反別の増加が見られないわけである。

罌粟は元来、地中海の沿岸、又は印度方面の原産であり、熱帯植物の一種であるから、温暖な気候を好み、土質は肥沃なる砂質壌土に適してゐる。土質により、モルヒネ含有量に非常な差異があり、石灰分を含む土質はモルヒネ含有量が多く、有田、日高の罌粟はモルヒネ含有量全国一といはれ、二十三%以上に及んでゐるのも、この地には石灰分の含有、多いのに原因するのである。

窓外に美しく展開するケシ畑の光景（ケシ畑の横を走る紀勢本線の汽車。1960年頃、由良町附近で撮影。由良町の岩崎茂生氏提供）

五、六月の候、紀勢鉄道に乗って紀州路を過ぎる人は、有田郡蓑島町附近から日高郡由良村附近にかけて白布を敷いたやうに窓外に美しく展開する罌粟畑の光景に一驚するであらう。白い美しい花が散ると、後には青い罌粟坊主（子房）が立ち並ぶ。この子房の附根が黒色を呈したときが、阿片汁採取の好期であって、開花後、約十五日から二十日位の間である。」（和歌山県知事官房統計課編『和歌山県特殊産業展望』、一九三四年、八四頁）

「白布を敷いたやうに」ケシの花が咲く

この史料が述べるように、ケシ栽培の和歌山県への普及は、行政（オカミ）主導ではなく、民間ベースであった。要するに、経済的に有利ということで、和歌山県の農民はケシ栽培を受容したにすぎない。彼らは、他の作物に比べ、もうかるから、（裏作として）ケシを植えたのである。

後述するように、後年、日本が戦時体制に入ることで、経済の論理を無視して、行政側からケシ栽培を強制される。しかし、それは、全体的に見れば、むしろ、特殊なケースに属した。

一九二八年（昭和三年）に、ケシ栽培は一つのピークを迎える。しかし、当時、（戦争をしていないことなどの理由から）原料阿片の需要はそれほど大きくなかった。このため、内務省はそれ以上の増産を不必要と考え、生産を抑制してゆく。

それにしても、「五、六月の候、紀勢鉄道に乗って紀州路を過ぎる人は、有田郡蓑島町附近から日高郡由良村附近にかけて白布を敷いたやうに窓外に美しく展開する罌粟畑の光景に一驚するであらう」という前述の史料の記述はすごいではないか。和歌山の野山を埋めて、それこそ「白布を敷いたやうに」白いケシの花が一斉に咲き揃ったさまは、どんなにか、幻想的な光景であったことであろう。

次は戦後のものであるが、やはり、同じような記述が見られる。


「有田郡内におけるケシの栽培の最もさかんであったのは昭和十年前後である。当時、有田郡の阿片の生産額は、全国の九割に達し、わが国第一と称せられた。これを当時の町村別にしてみると、湯浅町は常に郡内第二位または三位を占めていた。そのころは広川平地より山田川流域、有田川南岸にかけての平野は、白一色のケシの花で、旅行く人々の眼を驚かしたほど、紀南の特異な晩春の風物であった。」（『湯浅町史』、一九六七年、四六五頁）

表９　1935年の和歌山県における阿片生産状況

	栽培人員（人）	栽培反別（ha）	モルヒネ含有量（%）	納付数量（kg）	賠償金額（円）
和歌山市	121	19.9	14	120	3,733
新宮市	32	0.9	12	6	182
海草郡	476	47.9	13	403	12,050
那賀郡	736	52.2	13	552	15,718
伊都郡	614	44.1	13	306	8,672
有田郡	3,682	523.9	14	9,007	285,293
日高郡	2,193	286.3	14	3,191	100,410
西牟婁郡	590	34.3	15	227	7,539
東牟婁郡	216	10.9	13	47	1,353
合計	8,660	1,020.5	14	13,890	434,950
1934年	3,635	521.5	13	11,634	356,729
1933年	3,794	525.8	14	6,791	215,866
1932年	3,919	530.8	18	5,135	256,210
1931年	3,897	531.4	14	7,648	361,314

和歌山県発行『昭和10年和歌山県統計書』、1937年３月刊、p.218～220による。

『湯浅町史』は、このように戦前のケシの産地として、「広川平地より山田川流域、有田川南岸にかけての平野」を挙げている。しかし、現在、おそらく、その地域ではケシに代わって、紀州ミカンが生育されていることであろう。

有田郡と日高郡に集中

【表９】は、一九三五年の和歌山県における阿片生産状況である。県内では、有田郡と日高郡に集中していた。次の史料が明らかにしているように、これらの地域では、ケシは、「蜜柑、除虫菊に次ぐ紀州名物の一つになった」。

「同じく有田川河口平野から、南方の湯浅、南広郊外の朗らかな五月の田園を真白に織り出す罌粟は、十年来、蜜柑、除虫菊に次ぐ紀州名物の一つになった。全栽培面積千二百町歩に達し、白亜紀の石灰岩質の土壌に恵まれて、アヘンの含有量も二三パーセントを含み、生産高五百貫、価額五十六万円を占めて、いづれも日本一である。その八五パーセントは有田一郡から出る。」(日本同盟通信社『皇紀二千六百年記念　光輝「県勢總覧」』、一九三九年、一九頁)

前述したように、和歌山県全体で見ると、ケシはまだ、特産の紀州ミカンの(生産金額で)十分の一程度であった。しかし、狭い地域に限定すれば、その関係は逆転していた。例えば、次に紹介する「広川町」の場合、ミカンのほうが、逆に「阿片賠償金の約半分であった」。

「大正四年に始まったと伝えられる当地方の罌粟栽培が、漸次、盛んになり、昭和十年には右表の如く、殆どの農家がこれの栽培を行なった。阿片採取量・賠償金においては郡内第一位を占めた。米穀の三十三万八千八十五円についで第二位である。

柑橘類についてては、この後に挙げるが、阿片賠償金の約半分であった。この罌粟栽培については、後述で若干資料を挙げて、再度触れることにするが、昭和十一年、当地方においては飛躍的に増反している。さらに同十二年度は史上最大の栽培面積に達したのではないかと推測される。」(『広川町史』(下)、一九七四年、二六一頁)

有田郡南広村のケシ栽培がとびぬけて成功した結果、同村は「日本一の罌粟の村」になる。南広村の村長をつとめた直山政吉という人物の業績を列挙した文の中に、次のような一節がある。

「(一)　罌粟栽培の事績（大正六年、有利なる罌粟栽培に思を致し、之の試験地を設け、而かして之が普及に力めしによって、全村の栽培熱を煽り、昭和三年には二十一万三千円の阿片交付金を受け、全国一の罌粟栽培村となった。）」（前掲、日本同盟通信社『皇紀二千六百年記念　光輝「県勢總覧」』、六四頁）

農家の屋根の色が変る

次の史料は戦後のものであるが、当時のケシ栽培のようすを的確に伝えてくれる。

「五月上旬、開花、けし坊主が充分、肥大した頃を見て、その外皮に特殊の刃物で浅く切傷をつけ、それから分泌される乳液（最初は乳白色であるが、忽ち紫褐色を呈し、数時間で粘稠になると共に黒褐色に変色）をヘラで掻き取って集め、竹の皮に薄くのばして入れ、火力、又は天日で粉砕できるまでに乾燥させる。乾燥したものを薬研（やげん）等で粉末としたものが〝生あへん〟である。これを金属缶に入れ、目張りをして県の係官に提出する。

県は農家の代表者と共に国立大阪衛生試験所に引渡し、試験所では、このあへんについて、各耕作者毎に分析、モルヒネ含量を求め、これとあへんの量によって賠償金を支払う。戦前は、この賠償金は相当多額なものであったらしく、農家は最も有利な作物として、争ってけし栽培の許可を得ようとし、又、賠償金が支払われると、農家の屋根の色が変る――家の造作を修理する――とまで云われたものである。」（山ノ井岩吉編『和歌山県薬業史』、非売品、一九七〇年、三二頁）

この史料の最後の所に、「賠償金が支払われると、農家の屋根の色が変る――家の造作を修理する――とまで云われたものである」とある。これは、前に紹介した史料の中にある、「副業として好箇の罌粟の栽培」とか、「稲の裏作として罌粟位、有利なものは、まづ、他になからう」という記述と一致する。戦前、ケシ栽培は、農家にとって、よっぽど有利なものだったようである。

栽培人員

【表9】には、「栽培人員」の項目もある。ケシは誰でも栽培してよいわけではなく、当局に届け出て鑑札を受けた者だけが許可された。【表9】によれば、和歌山県全体で、一九三一年から三四年にかけて、三～四〇〇〇人くらいの農民がケシを栽培していたが、一九三五年になると、一挙に八六六〇人と倍増している。

また、【表9】には「モルヒネ含有量」という項目がある。政府は阿片を買い上げる時、阿片に含まれるモルヒネの量に合わせて買い上げ額をきめていた。【表10】は阿片収買価格の変遷を示すが、この場合も、「阿片一キログラム中のモルヒネ一%に付いての金額」を示している。だから、

和歌山県の農家のケシ栽培（上は大野治氏〔由良町中央公民館〕、下は由良町の岩崎芳幸氏の提供。いずれも戦後の撮影。戦前は撮影禁止であった）

モルヒネ含有量が高いほど阿片はすぐれており、高く買い上げてもらえたわけである。【表9】によると、一九三五年の平均は一四%になっている。これは相当、優秀なものといえよう。

ケシ栽培は政府の厳格な管理下に行なわれ、生産された阿片はすべて政府が買い上げた。従って、【表9】の賠償金額とあるのは、実は政府の買い上げ金額のことである。

ケシはふつう、稲の裏作として作付けされたので、農民は、同じく裏作に植える麦の価格と比較しながら、利益が多いほうを作付けた。そこで、ケシ栽培を管理する内務省は、麦の価格をにらみ合わせながら、阿片の買い上げ価格を上下させることによって、阿片生産を調節した。(ただし、日中戦争が始まり、戦時体制に入ると、阿片の増産一本槍になるので、このようなことは必要なくなった。)

表10　本邦阿片収買価格の変遷

阿片1kg中のモルヒネ1%に付いての金額

		円　銭
1916	(大正 5) 年8月以後	3. 50
18	(7) 年5月 〃	2. 80
19	(8) 年5月 〃	2. 30
22	(11) 年6月 〃	5. 00
30	(昭和 5) 年8月 〃	3. 50
32	(7) 年5月 〃	2. 80
33	(8) 年5月 〃	2. 30
39	(14) 年?月 〃	2. 80
40	(15) 年?月 〃	3. 50
41	(16) 年4月 〃	5. 00

「大東亜」P.10　第1表を転載。

和歌山薬試を訪ねる

私は本物のケシを自分の目で見たいと思った。そこで、一九八四年四月二九日(当時の天皇誕生日)、和歌山大学に勤めている友人の副島昭一氏と一緒に、和歌山県日高郡川辺町に、国立衛生試験所和歌山薬用植物試験場(正式な名称はこのように長いので、普通、「和歌山薬試」と通称される。）を訪ねた【写真参照】。ここは、「安珍・清姫」の物語で有名な道成寺にごく近く、歩いて、大体、五、六分ほどの距離である。

場長の堀越司氏にお願いし、初めにケシ畑を案内してもらった。六アールの広さのケシ畑の約四分の一ぐらいに、ケシが美しく咲いていた。四月末に咲くのは早生種で、普通種は五月中旬にならないと咲かない、稲の裏作として作付けされるので、農民からは稲作のじゃまにならない早生種のほうが歓迎されるという説明であった。

ケシのたけは思ったよりも高く、およそ一メートルもあり、花は胸ぐらいの高さに咲いていた【写真参照】。花びらがケシ特有の薄紙のような感じであるところは、ヒナゲシ等と同じであったが、しかし、花そのものはずっと大きく、一枚の花びらは一〇センチぐらいもあった【写真参照】。

花の色はピンクが多かったが、白や濃い赤（臙脂色）もあった。南紀州の明かるい春の日ざしのもと、さわやかな風が吹きわたる。その風にピンクの花びらが揺れる。まことに魅力的な風景であった。初めて本物のケシの花をまのあたりに見、また、薄紙細工のような感じを持つ花びらにさわって、その感触を実際に楽しむことができ、私はすっかり感激してしまった。名古屋から遠路はるばる南紀州までやってきたかいがあった、来てよかったという思いがこみあげてきた。

人を魅惑する、あやしい美しさ

園芸用に許可されているケシ（モルヒネ分を含有しないヒナゲシ等）に比べ、本物のケシの花

和歌山薬用植物試験場の建物全景

栽培されているケシの花

調査に訪れた著者（1984 年 4 月 29 日撮影）

ケシの花を写生する人

はずっと大柄で、それ故、迫力があった。実際、何人かがケシ畑に座りこんで、きれいなケシの花を写生したり、あるいはまた、写真を撮ったりしていた【写真参照】。

本物のケシの花は本当に、人を魅惑する、あやしい美しさを持っていた。だから、もし、ケシにモルヒネ分が含まれておらず、無害なものであったならば、きっと、園芸用として多くの人々から愛好されたことであろう。しかし、阿片がとれるため、禁断の花になってしまったのは、まことに残念な気がする（おそらく、毒があるからこそ、それだけ美しいのであろう！）。

前掲の史料は、五、六月のころ、紀勢鉄道に乗ってゆくと、窓の外の景色が、ケシ畑の白い花で、あたかも「白布を敷いたやう」であったと述べている。私は元来、花が好きである。本物のケシは、一つの花だけでも、十分きれいである。それが、あたかも白い布を敷きつめたように、あたり一面を埋めて咲いていたら、その美しさはきっと、たとえようもないほどであろう。

ケシの花が、人々に害を与える毒の原料でないならば、私はぜひ、そういった夢のような景色の中に入りこみ、十二分にケシの花の美しさに耽溺したいものだと思う。今日、そのような幻想的な景色はすでに失われてしまったが、戦前には（そして、その規模こそ、ずっと小さくなっていたが、戦後もつい三〇数年前までは）、たしかにそれが存在したのである。

堀越場長の話

ケシ畑を案内してもらったあと、堀越氏から、少し話を聞くことができた。以下は、その内容を思い出すままに、記したものである【写真参照】。

すなわち、和歌山県が伝統的にケシ栽培の中心であったことから、当和歌山薬試が今日でもケシ栽培の中心であり、ケシの品種改良と栽培技術の保存の二つの目的で研究や活動が行なわれている。このうち、ケシの品種改良とは、ズバリ、含有するモルヒネ分を増加させることである。もう一つの栽培技術の保存とは、後述するように、将来、ひょっとして、ケシ栽培が再開される事態が来るかもしれない。その万一の事態を想定し、それに備えるためのものであった。

現在、和歌山県にただ一名、ケシ耕作農民がいるが、今日のところ、ケシ栽培は経済的に全くひきあわない。そこのところを、少々、無理に頼み込んで、一アールだけケシを植えてもらっているが、それも、やはり、栽培技術の保存が目的であった。

和歌山薬試の堀越場長（右側）

また、戦前、ケシ栽培が盛んな時、阿片を納入し、集荷が終わったところで、「収穫を祝う会」のようなものが行なわれた。その催しは、通称、「ケシ祭り」とも呼ばれ、町村のお役人や農民が多数集まってきて、阿片を満載したトラックが峠を越えてゆくのを盛大に見送った。この伝統が多少、形を変えて伝わっており、今日でも、年一回、阿片がとれたころ、監督官庁の厚生省の係官をはじめとする、全国のケシ栽培関係者がここ和歌山薬試に集まって、会を開くとのことであった。

小作人はケシ、自作農はミカンを植えた

ケシ栽培の特徴は労働力の集約型だということである。すなわち、大量の労働力を投下すれば、それだけ効果が期待できるという性格をケシ栽培は持っていた。一九八六年と八七年に行なった和歌山県での実地調査で、私は、戦前、貧しい小作人はケシを植え、自作農はミカンを植えたという、興味深い話を聞くことができた。

貧しい小作人は、他人より多く働くことで、収益を増やそうとした。だから、目一杯、働くことを厭わなかった。それ以外に彼らの収入を増やすすべがなかったからである。そういった彼らに、ケシ栽培はまさに恰好のものであった。ケシは手をかければかけるほど、それだけ多く収穫が期待できたからである。こうして、小作人は、ケシを植え、せい一杯、手をかける。それによって、収益がそれだけ増大することをはかった。

しかし、生活に少し余裕のある自作農になると、そんなに手をかけないと良い収穫が期待できないケシ栽培は負担に感じられ、むしろ、敬遠された。それより、ほどほどに手をかければ、一定の収穫が期待できるミカン栽培のほうが彼らには喜ばれたということであろう。

表11　和歌山県農家四戸の平均値による反当所要労務量（日数）

種　別	牛	男	女	種　別	牛	男	女
整　地	1.3	2.0	1.2	乳液採取			20.0
播　種		0.5	0.5	蒴果収穫		−	−
施　肥		2.0	2.0	阿片調製			3.7
中　耕		3.5	5.0	跡地整理			2.6
間引及除草			9.2	計	1.3	8.0	36.3
薬剤撒布		−	−	男女別　44.3			
腋芽摘除			2.1	全人員に対する乳液採取所要人員比45.1％			

けし栽培反当所要経費（昭和18年）　総計　53円23銭
これに対し生あへん以外の副収入　総計　27円（種子、けしがら等）
山ノ井岩吉編『和歌山県薬業史』、1970年、34頁

所要労務量

また、山ノ井岩吉編『和歌山県薬業史』（非売品、一九七〇年）は、「和歌山県農家四戸の平均値による反当所要労務量（日数）」という珍しい統計を掲載している（三四頁）【表11参照】。

男が平均八・〇日なのに、女は三六・三日になっていて、女は、男の約四・五倍も働いている。表の下に「昭和一八年」とあるので、時期は戦時中である。従って、たしかに戦時中で、男手が足りないという特殊性が大いに働いていたことは認めねばならない。しかし、それにしても、ケシ栽培は女の労働力をより多く必要としていたということがよくわかる。逆にいえば、ケシ栽培は女に比較的適していたともいえよう。おおざっぱにいえば、ケシ栽培は、ずばり女の仕事であった。

表の中に、「全人員に対する乳液採取所要人員比四五・一%」という記述がある。これは、「乳液採取二〇・〇日」を、「男女別四四・三日」（男八・〇日と、女三六・三日を加えた合計である）で割ったものである。ということは、「乳液採取」に、ケシ栽培に必要とする全労働力の実に「四五・一%」がかかったということである。注ぎ込む労働力の面から見れば、「乳液採取」こそが、ケシ栽培の根幹的な部分を占めていたことがわかる。

ケシ栽培は女と子どもの仕事

その「乳液採取」、すなわち、阿片汁の採取の仕事は、大人の腕力を全く必要としない。むしろ、根気のいる作業である。そのため、必ずしも、大のおとながしなくても、子どもでも、十分、労働力として間に合った。実際、和歌山県では、それは主に子どもの仕事になっていた。前述した和歌山県での聞き取り調査によれば、当時、小学生の高学年になれば、阿片汁の採取の仕事を手伝わされた。ほとんどの子どもが阿片汁の採取の仕事を手伝ったので、和歌山県のケシ栽培が盛んであった地方では、学校が臨時に休みになった。農繁期の臨時休業の一種で、これを、当時、「ケシ休み」といったという。

この「乳液採取」の仕事は早朝、まだ朝もやが漂っているうちから行なわれた。小さい子どもにとっては、辛い労働だったかもしれない。しかし、この仕事が終わると、五円の小づかいを親からもらえたという。当時、五円は子どもにとっては、大金であって、この時以外に親からもらえるような金額ではなかった。それで、この五円のお金を大事に握りしめ、町に出かけ、日ごろから、欲しいと思っていたものを買った。それが、子ども心に、とてもうれしかった。――聞き取りに応じてくれた老女のかたが、以上のようなことを、昔なつかしそうに話してくれた。

「乳液採取」がおもに子どもの仕事だとすると、前述した「ケシ栽培は、ずばり女の仕事であった。」という私の表現は部分的に修正しなければならない。より正しくは、「ケシ栽培は、ずばり女と子どもの仕事であった。」ということになろう。

由良町中央公民館の貴重な収蔵品

また、現地調査では、由良町中央公民館の大野治氏にいろいろお世話になった。日高郡由良町は、小規模ながら天然の良港である由良港を中心にして発展してきた町である。

ここでも、戦前、ケシ栽培はけっこう盛んであった。この公民館には、興味深いことに、昔、農民が使った農機具や、その他のこまごまとした生活用品などが収集されている。その収集の程度はかなり広範囲であって、二つの部屋を使って、それらを収蔵している。

その中に、ケシ栽培に関係する農機具も集められていた。まず、ケシ坊主に傷つける小刀や、流れ出てくる汁をこすり取るヘラがあった。それらはかなりな本数であったが、形式や大きさは微妙に違っていた。いずれも、ホコリをかぶり、また、金属部分はやや錆びていた。私は、それらの小刀やヘラを一本ずつ、手に取り、実際に触れることで、これらの農具が実際に使われた状況を頭の中でイメージしてみた。

また、採取の際、腰に差し込み、採取した阿片汁をいったん収納しておく器具もあった【写真

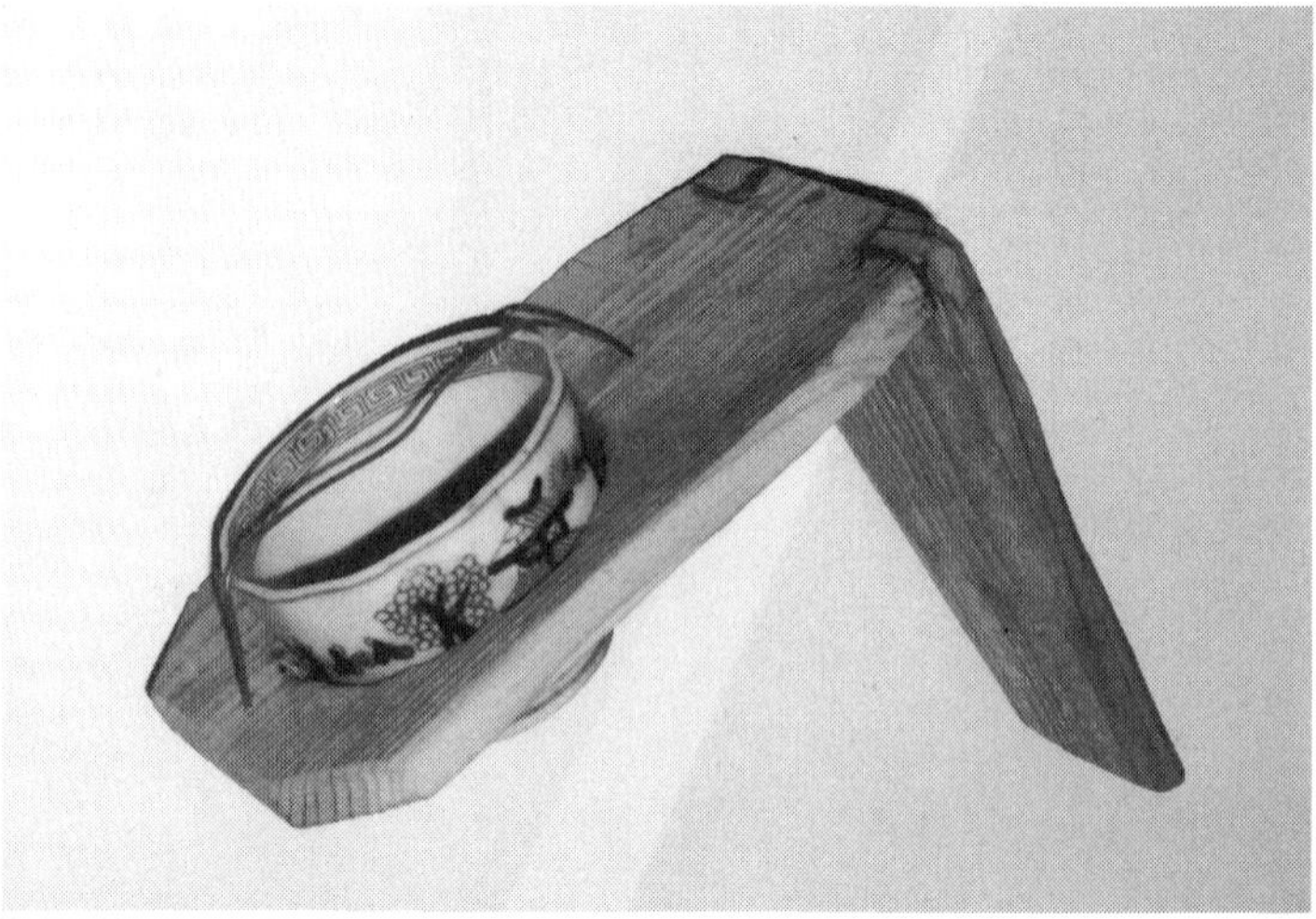

阿片汁採取用の器具

参照】。これは木製で鍵型になっている。一方のはしをズボンのバンドに差し込み、固定する。他方には、丸く穴が開けられ、それにややこぶりの瀬戸物の湯呑み茶わんが固定されている。この湯呑み茶わんに採取した阿片汁を入れるのである。湯呑み茶わんの上には、太い針金が渡してある。これにこすりつけることで、ねばり気のある阿片汁を湯呑み茶わんの中にこそぎ落とすようになっていた。阿片汁はそれほど多く採取できない。一日分の働きでは、おそらく、二〇〇ccほどの容量を持つ、この湯呑み茶わんを一杯にするのが、せいぜいだったと思われる。

生阿片を乾燥させる木箱

そのほかに、生阿片を乾燥させる木箱もあった【写真参照】。これは本当に珍しいもので、今日では、ほかの所では目にすることができない。天気がよければ、採取した阿片汁は竹の皮に薄くのばされ、天日で乾燥される（粉末にする前段階として）。しかし、あいにく雨天が続いた場合、天日乾燥はできない。その場合、やむなく、人工的に炭火で乾燥した。

木箱のまん中に金網が張ってある。金網の上に、生阿片を薄く塗りつけた竹の皮を置く。そして、木箱の下の部分に炭をいれた七輪を置き、その火力で生阿片を乾燥させた。実際、この木箱には、生阿片のカスがかすかに残っている竹の皮が、金網の上に乗せられている。ごく簡単な装置だが、実物が残っている意味は大きい。雨天の場合、生阿片をこうして乾燥させたのかということが、一目瞭然にわかるからである。

阿片乾燥器

由良町中央公民館は、このように、昔のケシ栽培のようすを物語る農具を大事に保存してくれている。ほかにはこういう所はない。その意味で、きわめて貴重である。大野治氏をはじめとする同公民館の皆さんの尽力に、心から敬意を表するものである。由良町中央公民館の収蔵品が今後、より一層、豊かになものになることを願ってやまない。

和歌山薬試の設立の事情は次のようであった。

ケシ栽培をやめてしまう

前述したように、たしかに、一九八四年の段階では、和歌山薬試はケシを栽培していた。ところが、そのわずか数年後に、和歌山薬試は、伝統ある、また、そのために設立されたはずの、ケシの栽培をやめてしまう。

一九八七年三月、私は和歌山県に三回目の現地調査に出かけた。前二回と同様に、和歌山薬試に立ち寄った。そこで、初めて、ケシの栽培をやめたことを知った。例年ならば、三月中旬にはケシは、まだ蕾こそつけていないが、それでも、もう相当に大きく育っていたことであろう。ところが、一九八七年はケシに代わって、なにか胃腸薬の原料になる薬用植物が植えられていた。

「昭和十四年十月一日、内務省大阪衛生試験所和歌山分場として発足、昭和十六年に業務を開始した。(中略)

当時、大阪府と本県は全国ケシ栽培の約八割をしめていたので、主としてケシ栽培試験のため設けられることとなったのである。」(前掲、山ノ井岩吉編『和歌山県薬業史』、三八頁)

このように、一九三九年、和歌山薬試は、当初、内務省（すでに厚生省が新設されているので、あるいは厚生省のあやまりか？）の管轄下に、「主としてケシ栽培試験のため設けられ」た。以来、一貫して内地におけるケシ栽培のセンター的な役割を果たしてきた。肝心のケシの栽培を中止してしまったのであるから、和歌山薬試としても、その本来の仕事をやめてしまったことになる。

和歌山薬試の圃場を前にして、私は、一九八四年に友人と一緒にここに来て、初めて本物のケシの花を見た時の興奮を思い出していた。一つの時代が確実に終わったのである。

おじいさんの道楽

その後、当時、和歌山県でただ一人のケシ耕作農民であった湯川文雄氏を、日高郡日高町に訪ねた。彼はずっと一アールだけ、ケシを栽培してきた。現在、阿片の政府買上げ価格は低く抑えられているので、ケシを植えても経済的に割りに合わない。それを敢えて植えていたのは、彼の所がある程度、余裕があり、一アールぐらいは遊ばせるつもりでやれたからである。また、和歌山薬試の前任の場長（一九八四年に初めて和歌山薬試を訪問した時、案内してくれた堀越司氏である）と個人的なつき合いがあり、彼から頼まれていたことも、多少、関係していたという。

ところが、本拠地の和歌山薬試がケシ栽培をやめ、しかも、つき合いのあった場長も退職したこともあって、湯川氏も一九八七年からケシの栽培をやめていた。ケシの栽培はかなり手間暇がかかるので、ケシ栽培をやめたことは、家族から歓迎されたということであった。

ケシ坊主（上にある白いカードは名刺。種とり用なので、特に大きい）

阿片汁を入れるブリキ製のカン（湯川氏が使っていたもの）

彼の場合、ケシの栽培は、家族から、いわば「おじいさんの道楽」と見なされていたわけである。もう二度とケシ栽培を再開する気はないということで、ケシ坊主を傷つけるのに使う小刀、流れでてきた乳液をかきとるのに使うヘラ、及び、採取した阿片汁を入れるブリキ製のカン等を、私は研究用として、彼から譲り受けた【写真参照】。

こうして、長い伝統を持つ和歌山県のケシ栽培は、一九八六年限りで、きれいさっぱり終わってしまった。和歌山県にケシが栽培されるようになったのは、大体、一九一五年（大正四年）頃からといわれる。そうすると、（戦後の一時的な中断の時期を含めて）およそ七〇年以上も続いてきたことになる。しかし、ケシ栽培は次第にすたれ、最終段階では、和歌山薬試とただ一人の耕作農民が、ほそぼそとその伝統を守ってきた。しかし、それも、ついに一九八六年で絶えてしまった。まさに和歌山県において、一つの時代が静かに終わったのである。

小数のケシ耕作農民を残す意味

戦前の盛大さとは比べものにならないが、それでも、戦後、ケシ栽培は再び不死鳥のように復活する。しかし、それも、比較的短い期間にすぎなかった。一九六〇年ごろが最盛期であって、その時期を過ぎると、急速に衰退してゆく【表12】。現在では日本のケシ栽培は壊滅状態である。それは、おそらく、この問題に対する厚生省の方針が変更したからであろう。すなわち、比較的割高の国内生産をやめ、代わりに外国産のやすい原料阿片を輸入することにしたのである。

現行の「あへん法」は、第三条で、けし耕作者、甲種研究栽培者（阿片の採取を伴う）、およ

表12　戦後の和歌山県のケシ栽培状況

年度	栽培面積	栽培人員	収納阿片	収納代金	政府買上価格
	a	人	kg	円	円
1953	297.6	30	29.618	178204	－
1954	10019.2	844	1811.100	16561116	79000
1955	10018.1	910	1814.574	17746519	79000
1956	9027.2	915	1211.426	11220590	78000
1957	11002.9	956	1617.903	15474389	78000
1958	11952.7	940	2697.465	27214639	78000
1959	19097.0	1210	2626.856	28337574	78000
1960	19201.7	1216	3629.192	38349829	78000
1961	19398.6	1185	1864.106	20772210	90000
1962	8895.5	658	439.134	7151413	100000
1963	3054.2	258	647.419	7344232	103000
1964	2383.7	201	136.382	2039968	108000
1965	383.7	31	92.749	1324418	113000
1966	334.0	24	78.807	1258560	
1967	232.8	16	69.207	1239007	
1968	301.1	23	76.527	1352498	

『続日高郡誌』、上巻、1975年、750頁と、山ノ井岩吉編『和歌山県薬業史』、1970年、35頁により作成。なお、政府買上価格は、モルヒネ1kg当りの価格である。

び、乙種研究栽培者（阿片の採取を伴わない）の三者に、ケシ栽培を認めている。

少し数字が古いが、一九八三年度のケシ耕作農民は全国で一二名に過ぎない【表13参照】。また、甲種、および乙種の研究栽培者は合わせて一五者で、いずれも大学薬学部か薬用植物園に限定されている。三者全部を合わせても、その栽培面積は約六八アールに過ぎない。かつて盛

表13　今日のケシ栽培状況

	1983年度			1995年度		
ケシ栽培者	1　岡山県　A	6	27	1　岡山県	6	23
	2　茨城県	1	10	2　北海道	11	11
	3　香川県　B	4	4	3　茨城県	1	10
	4　和歌山県　C	1	1	4　静岡県	3	3
		12人	42 a		21人	47 a
甲種研究栽培	1　北海道		10			
	2　茨城県		5			
	3　東京都薬用植物園		2			
	4　(神奈川県)帝京大学薬学部		0.68			
	5　富山医科薬科大学		0.5			
	6　静岡県伊豆		0.5			
	7　和歌山　D		6			
	8　長崎大学薬学部		0.3			
	合計		25.0106 a	合計　7件		28.02 a
乙種研究栽培	1　宮城県薬用植物園		0.033			
	2　山形県薬用植物園		0.16			
	3　北里大学薬学部		0.00504			
	4　金沢大学薬学部附属薬用植物園		0.331			
	5　京都薬科大学附属薬用植物園		0.315			
	6　九州大学薬学部		0.1			
	7　熊本大学薬学部薬用植物園		0.3			
	合計		1.24404 a	合計　5件E		0.65004 a

1983年度は、厚生省薬務局麻薬課『昭和58年度けし栽培者名簿』による。1995年度は、厚生省薬務局麻薬課に直接問い合わせて、聞いたもの。

A＝岡山県英田郡作東町　　B＝香川県三豊郡高瀬町。

C＝和歌山県日高郡日高町の湯川文雄氏。　D＝和歌山薬試。

なお、1983年度の収納価格はモルヒネ1kg当り340300円

E＝この5件の中に、私（倉橋）も含まれる。

況をきわめた日本（内地）のケシ栽培も、その歴史的使命を終えた結果、このような渺々たる規模に縮小してしまったわけである（なお、一九九五年度のケシ栽培状況もわかったので、【表13】につけ加えておく）。

しかし、厚生省は国内のケシ生産を完全にやめたのではない。ごく少数のケシ耕作農民は残している。その意味は、次のように考えられる。すなわち、今日ではたしかに外国から原料阿片の安定した（かつ、かなり低価格の）供給を受けられるが、しかし、将来にわたって、それが可能かどうかは保障の限りではない。

一朝、事があった時、輸入が途絶する可能性も否定しきれない。その場合、再び国内でケシ栽培を大々的に復活せざるを得ない。厚生省としては、その万一の場合に備えて、ごくわずかであるが、ケシ耕作農民を残存させ栽培技術の保存に努めていると。

この大きな流れの中で、以前、内地で最大の生産地であった和歌山県でも、前述したように、一九八〇年代に入ると、和歌山薬試とただ一人の耕作農民が寂しく、その伝統を守るような状況になっていった。そういうような状況にあっても、なお、和歌山薬試は、長い伝統に支えられながら、これまで、ずっとケシを栽培し、栽培技術の保存等の面で、中心的な役割を果たしてきた。

しかし、一九八七年になって、ついに、それも消滅したのである。

厚生省の方針転換

一九八七年になって、和歌山薬試が伝統ある（本来、このために設立された！）ケシ栽培をやめてしまったということは、前述の厚生省の方針がさらに一定程度、変化したことを物語っている。たしかに、一朝、事があった時、国民生活にとって基本的な物資である石油や食糧の輸入が、まず大きな問題となる。原料阿片の輸入の途絶は、それに比べれば、はるかに小さな問題である。

要するに、万一の場合に備えて、栽培技術を保存する意味が、より一層、小さくなったという判断が、そこに働いたと推察される。このような判断に基づき、ケシ栽培のいわばセンター的な役割を伝統的に果たしてきた和歌山薬試においてさえ、ついに、一九八七年になって、ケシの栽培をやめてしまう。こうして、和歌山県ではケシ栽培は消滅したが、しかし、全国的には従来の方針は、なお、そのまま続いている。岡山県や北海道の農民は、引き続いてケシを植えている。

また、厚生省管轄の薬用植物試験場はほかにもあって、そこではケシの栽培を続けて行なっている。それは伊豆の下田（静岡県）と筑波（茨城県）と北海道（名寄市）である。伊豆の下田は栽培面積〇・五アールで、規模は小さいが、比較的近いので、また、機会を見つけて見学にゆきたいと思っている。

一九九五年三月、私は、また久しぶりに和歌山薬試を訪ねた。そこで、一九八七年以来、中止されたケシ栽培が復活されることなく、そのまま中止されていることを確認した。やはり、漢方薬の原料になる薬用植物が栽培されていた。おそらく、今後も和歌山薬試でケシ栽培が復活することはないであろう。そんな感触を私は得た。

以上のように、今日、和歌山県におけるケシ栽培は完全に消滅し、歴史的存在になった。しかし、和歌山県がかつて内地で最大のケシ栽培地であったことが、そのまま忘れさられるのは、まことに残念である。事実は事実として、なんとか、そのことは長く語りつがれてゆくべきであろう。

第四章　モルヒネ問題

阿片の薬効

『大東亜』は阿片について次のようにいう。

「阿片（Opium）は罌粟の未熟の果実（盛花期日より十日内外を経た子房）に切傷を附け、分泌する乳液を陽に乾して製したものである。これを普通、生《しょう》阿片（Raw Opium）と称する。この生阿片を更に太陽乾燥、又は摂氏六十度以下の温度で火力乾燥し、粉末にしたものを阿片末（Opium pulveratum）と称し、薬品製造原料に用ひる。吸煙用の阿片煙膏は生阿片に麦粉・大豆油・阿片灰等を混ぜ、これを水に溶かして煮つめ濾過することによってつくられたものである。」（『大東亜』、三頁）

阿片は二五種のアルカロイドを含むが、そのうち、主な薬理成分はモルヒネであり、それはすでに一八〇五年、ドイツ人、ゼルチュルネル氏によって検出されていた。阿片の薬理作用（特に痛みどめ）は早くから知られており、薬として広く利用されていた。しかし、その際、インドなどでは阿片をそのまま食べた。この場合、阿片の有効成分のモルヒネ（時にモヒとも表現された）は胃や腸といった消化器管から体内に吸収された。

阿片を吸煙する方法

これに対し、中国人は阿片吸煙という独特の方式を発明する。この方式で阿片（厳密には阿片煙膏）を吸煙するようになったことで、阿片は心身の健康を損なう麻薬となった。

阿片を吸煙するには、まず、生阿片に香料や混ぜ物を加え、阿片煙膏《えんこう》なるものを作製した。阿片煙膏を、豆油などを用いた小型のランプなどで熱して、その中に含まれるモルヒネ分を蒸発させる。蒸気となったモルヒネ分を特殊な煙管（キセル＝「煙槍」という）を通して肺の中に吸い込み、体の中に摂取した。しかし、いくら努力しても、肺の中に吸い込めるモルヒネ分は、たかがしれており、大部分はむなしく空気中に放散してしまった。だから、煙草のように、屋外や広い部屋では吸えず、「阿片窟」といわれるように、閉めきって、空気の流れのない、洞窟のような、狭い部屋で阿片を吸った。閉めきった狭い部屋に蒸発したモルヒネ分がたちこめる。それを呼吸によって、また、肺に取り入れることができたからである。

そういった部屋のベッドに横たわり阿片を吸うと、麻酔作用によって、眠くなり、意識がぼんやりしてくる。「羽化登仙」といった気分を味わえる薬理作用を中国人は好んだ。

このように、阿片吸煙という伝統的な方法は値段が高かったばかりでなく、相当、手まひまもかかった。すなわち、吸煙するための特別な室（静かな所がよい）で、ベッドに横たわり阿片を吸煙した。その際、煙膏を熱するためのランプや、蒸気となったモルヒネ分を吸いこむための特別のキセル（煙槍）等の、いわゆる吸煙用の「七つ道具」も必要であった。さらに、吸煙を手助けしてくれる人がいれば、もっとよかった。金とひまが十分にある上流階級の人々はこういった伝統的な方法を愛好した。

一方、阿片吸煙の方式では、本来、阿片煙膏に含まれるモルヒネ分の、ごく一部しか肺を通して身体の中に摂取できなかった。だから、この方式は、実に非能率であった。しかし、効率が悪いということは、よいこともあった。すなわち、阿片の吸煙は習慣となり、中毒になるが、その効能が弱いことから、中毒の程度は軽かった。だから、長年、阿片を吸っても、まず、それだけでは死なかった。後に述べるように、モルヒネは純粋の化学薬品であったから、麻薬としての効能も当然すぐれているが、同時に中毒の程度もきつかった。そのため、モルヒネ中毒者は大体、数年程度で死んでしまった。これに比べれば、阿片中毒の程度は明らかに軽かった。

嗜好品の要素

また、阿片の薬効は結局、それに含まれるモルヒネによるのであるから、阿片煙膏に加工する時も、モルヒネ分の多寡だけが問題にされるように思われるが、実際にはそう簡単ではなかった。阿片煙膏を作る際、それに加える香料や増量剤が味わいに微妙に影響した。これはタバコを連想すれば、容易に理解されよう。すなわち、タバコの薬効成分はニコチンだが、喫煙者はニコチンの多寡だけを単純に問題にしない。それに含まれる香料や添加剤などを含めた味わい全体を問題にする（酒の場合も、単にアルコールの多寡だけを問題にしない！）。これと同様なことが阿片煙膏にもあてはまった。だから、阿片煙膏は嗜好品の要素も多少、持っていた。

そこで、日本が、台湾で阿片専売制度を始めた時も、専売当局の工場に、この方面の専門家の中国人を雇ってきて、阿片煙膏を調合させた。そして、三種類の阿片煙膏を作り、売りに出したが、それには上等なものから順に、「福煙」、「禄煙」、「寿煙」という商品名がつけられた。バチ当たりなことに、おめでたい神仙の名前（福禄寿）が、吸う人の心身を害する麻薬の上につけられたのであった。

その後、日本の植民地は関東州や満州国に広がる。台湾とそれらの地域は気候、風土が違うので、そこに住む人々の嗜好もまた微妙に異なっていた。そこで、台湾の専売局が製造した前述の三種の阿片煙膏は新しい植民地ではあまり好まれなかった。やむなく、日本側は調合を変えた別種の阿片煙膏を製造して彼らの好みに合わせている。例えば、関東州の場合は次のようであった。

「当初、台湾総督府専売局と特約して同局製造の煙膏を輸入販売する計画を試みたが、同煙膏は関東州内癮者の嗜好に適せざることを発見したので、爾来、芝罘《チフ》其の他より輸入した煙土を以て、大連に於て煙膏を製造し、煙館業者の手を経て癮者に零売した。」（関東局編『関東局施政三十年史』、下巻、一九三六年、九四三頁）

日本側が台湾で作成した阿片煙膏が、関東州の中国人の嗜好に合わなかったという上掲の話は、阿片煙膏が多分に嗜好品の要素を持っていたことを、よく示している。また、満州国では、台湾の専売局が作った従来からの「福・禄・寿」の三種に加えて、「松・竹・梅」という別の三種の煙

図６　阿片の系統図

阿片煙膏（吸煙）
↗
ケシ──→生《しよう》阿片──→モルヒネ（注射）
〔ヘロイン、コデイン〕
↓
モヒ丸（服用）

膏を作って売りに出していた。

モルヒネの登場

阿片からモルヒネ、ヘロイン、コデインなどが抽出される【図６参照】。阿片から、これらのモルヒネ類を抽出できたことは、たしかに科学技術の一つの進歩であった。周知のように、このようにして作られたモルヒネ類は医療上、極めて有用なものであった。しかし、反面では、それまで存在していた阿片の害毒を一層、強めた恐ろしい麻薬を世の中に送り出すことにもなった。

なお、ヘロインは化学的にモルヒネの組成を変えたもので、多幸感が強く、麻薬としてはよりすぐれていた。本書で、モルヒネ類と表記した場合、ヘロインも含まれるものとする。

モルヒネ含有の丸薬は通称モヒ丸《がん》といわれた。モヒ丸は初め戒煙丸という名を持っていた。すなわち、阿片の弊害が次第に声高く叫ばれるようになった二〇世紀初頭、阿片中毒者の治療の目的で作られたからである。強度の中毒者（癮者）から一ぺんに阿片を取り上げると、禁断症状にひどく苦しまねばならなかったので、比較的長い時間をかけて、摂取する阿片の量を少しずつ減らしてゆこうとした。

その際、阿片を吸煙する代わりにモルヒネ分を含んだ丸薬（戒煙丸）を中毒者に与え、その与える量を漸減させてゆくことで治療しようとした。このように、モヒ丸は本来、治療用に作られたのであるが、後になると、本末転倒してしまい、阿片吸煙の文字通り代用品になってしまった。

モルヒネはやすくて簡便

モルヒネ注射やモヒ丸の服用が広く受け入れられていった理由を、阿片問題の専門家である菊地西治は次のように述べる。

「阿片を吸ふと云ふことは可なり手数なものでありまして、最初、生阿片を買って之を濾過し流動体にしますが、それに熟練な技術を要しまして、其上、特種のランプで乾燥してから吸煙器で焼いて飲みます。さう云ふことをするのは中々手数でありまして、労働者とか、段々落零《おちぶ》れて来ますとそれが続かないのであります。それが為に四割乃至《ないし》五割迄は手取早いモヒ注射を以て、又、安価な為に阿片の代用に致します。」（菊地西治等『阿片問題の研究』、一九二八年、国際聯盟協会、二一頁）

菊地西治が説くように、金とひまに限りがある下層階級の人たちは、一方で従来通り、阿片の吸煙も行なったが、それと同時に値段が比較的やすく、また、手っとり早く摂取できるモルヒネ注射やモヒ丸の服用を行なうようになっていった。

モルヒネは純粋の化学薬品だったから、当然、効率よく、また、確実に体内に吸収することができた。麻薬として効率がよいということは、反面、それだけ身体にとって害が大きいということでもあった。前述の菊地酉治はまた、この点を次のようにいう。

「阿片は未だ未だ禁止や治療の望みがあるのでありますが、此のモルヒネ或はヘロイン、其他の色々な毒物の方になりますと、殆ど支那に於ては治療絶望になってしまふのであります。（中略）

けれども此のモルヒネ注射に至っては絶望であります。もう是《これ》は何年後に死ぬと云ふことを宣言されたと同じことになってしまふのでありまして、其の為に此のモルヒネの方に至りましては実に可哀さうな立場になって居ます。」（前掲、菊地酉治等『阿片問題の研究』、一二一頁）

このように、阿片中毒者に比べ、モルヒネ中毒者の心身の荒廃のスピードはずっと早く、普通、数年で死ぬといわれていた。モルヒネ類は阿片に比べて、さらに恐ろしい麻薬であったが、値段がやすく、使用方法が簡便なことから、中国の人々に広く受けいれられていった。

禁煙運動の皮肉な成果

モルヒネは、前述のように、一九世紀初頭に発見される。そして、一九世紀末には、工業的に生産されてゆく。だから、二〇世紀初頭には、まだ比較的少量ながら、先進工業国で生産されたモルヒネの一部が、中国にひそかに輸入されていた。

二〇世紀初頭に、中国でモルヒネが大きな問題になってくるのは、皮肉なことに、清末以来の禁煙運動の成果のおかげであった。すなわち、第一章でやや詳しく述べたように、禁煙運動が、かなりの成果をおさめる。その結果、市中に出まわる阿片の量が確実に減る。

禁煙運動によって、たしかに、従来の阿片中毒者のうち、かなりの者が禁煙する。しかし、阿片が麻薬である以上、習慣性があり、みんながみんな、直ちに止められるはずがなかった。彼らのうちの一定部分は、従来通り、阿片を吸い続けた。

需要と供給の関係が働く。阿片に対する需要はたしかにある程度、減る。しかし、それに輪をかけた勢いで、阿片の供給が減ってしまう。とすれば、阿片の価格は当然、騰貴する。清末の禁煙政策が成果をおさめるに従い、次第に阿片の価格は騰貴してゆく。その結果、元来、金のない下層階級の人々は、容易に阿片を買えなくなる。そこに、たまたま、科学技術の進歩により、新しい麻薬として、モルヒネが登場し、ひそかに出まわるようになる。モルヒネは価格が低廉で、しかも、麻薬としての効能は阿片と同じ、というより、むしろ一層、きつかった。こうして、阿片を買えない貧乏人が多く、モルヒネを利用するようになる。

第一次世界大戦の終結でだぶつく

もう一つ、第一次世界大戦（一九一四〜一八年）との関係があった。モルヒネは一方で貴重な医療品（鎮痛剤・麻酔剤）でもあった。戦争で、モルヒネは必需品になる。戦場で敵弾に当たり兵士が負傷する。戦いはいまやたけなわであって、その場で治療できない。とにかく、戦闘が一段落するまで、敵弾がとんでこない比較的安全な物かげに負傷者を移すだけで、あとは放置される。その間、痛さで負傷兵は七転八倒し、そのため、体力を一層、消耗してしまう。これでは、助かる者も助からなくなる。

そこで、すぐれた鎮痛効果を持つモルヒネが使われる。戦場で負傷者が出ると、「衛生兵、前へ！」という号令で、衛生兵が飛んできて、負傷者にモルヒネを注射する。直ちに痛みは薄れる。痛みから解放されて、彼は体力のいたずらな消耗を防ぐことができる。戦闘が一段落したあと、彼を後方に運び、必要な治療を施した。また、負傷者に手術を施す際にも、当然、（麻酔剤として）モルヒネが必要であった。

このように、近代戦にあっては、モルヒネが必需品であった。このため、各国は競って、モルヒネを大量に生産した。第一次世界大戦がそれまでにないほど大規模な戦争だったことから、それに合わせて、各国が生産したモルヒネの量も莫大なものになった。やがて、さしもの第一次世界大戦も終る。そうすると、一転して、モルヒネが余ってしまう。世界的な規模で、大量のモルヒネがだぶついてくる。

そうすると、モルヒネのもう一つの側面、すなわち、麻薬の作用が再び思い出され、今度は、モルヒネが麻薬として使われてゆく。中国は、麻薬として使われるモルヒネの、有望な消費地と見なされる。一九一八年前後の時期の中国は、軍閥混戦時代ということもあり、中国国内へのモルヒネの密輸も容易であった。こうして、この時、大量のモルヒネが中国へ密輸されていった。

星製薬がモルヒネ生産に成功

モルヒネ類の生産には発達した製薬工業が必要だった。そこで、【表14】で示すように、日本も、当初はイギリス及びドイツ等からモルヒネを輸入していた。しかし、第一次世界大戦で欧州各国からの薬品の輸入が途絶した機会に、自国生産に変更する。また、ちょうど、その頃になると、日本の製薬工業も相当な発展を示し、モルヒネを生産できるような水準に達していたからでもある。

モルヒネの生産では、星製薬株式会社が、まず成功をおさめる。同社は、アメリカ留学経験のある星一（ほし・はじめ）が、一九〇七年に起こした会社である。当初は、家庭常備薬の類を製造していた。一方、星一は政治家の後藤新平と結びつき、政治的には彼の「子分」のような役割を果たしていた。その関係から、台湾総督府の粗製モルヒネを原料に、塩酸モルヒネの研究と試製に着手する（後藤新平は、以前、台湾総督府の高官をしていたことから、影響力を持っていた）。

星製薬株式会社は、約三ヵ月の努力で、モルヒネの製造に成功する。この問題では、劉明修著『台湾統治と阿片問題』（山川出版社、一九八三年）が、次のように手際よくまとめている。

「一九一五（大正四）年度以後、総督府は粗製モルヒネを星製薬に独占的に払い下げた。モルヒネの独占的製造・販売により星製薬は繁盛を極め、「薬の星」、「星の薬」といわれるように一

表14　モルヒネの輸入数量

単位はkg、『日本外国貿易年表』により作成。

1930（昭和5）年を最後にして、日本のモルヒネ輸入は終る。

なお、「モルヒネの国別購入先」の表も付した。これは、表で示した国以外の輸入もあるので補っておく。

1914（大正3）年　ベルギー（11）、不詳（21）

1920（大正9）年　ベルギー（1,037）、イタリー（147）、スウェーデン（135）、デンマーク（104）。

モルヒネの国別購入先（単位kg）

年	総計(kg)	イギリス	ドイツ	アメリカ	オランダ	フランス	スイス	関東州
1881(明治14)	0							
82(15)	0							
83(16)	94							
84(17)	96							
85(18)	190							
86(19)	275							
87(20)	189							
88(21)	183							
89(22)	223							
90(23)	209							
91(24)	361							
92(25)	295							
93(26)	272							
94(27)	250							
95(28)	587							
96(29)	184							
97(30)	504	347	156					
98(31)	379							
99(32)	179							
1900(33)	725							
01(34)	391	377	14					
02(35)	501	349	152					
03(36)	733							
04(37)	361	92	269					
05(38)	658	262	396					
06(39)	972							
07(40)	749	323	418				9	
08(41)	1,166	891	272			2		0
09(42)	507	204	299		5			
1910(43)	629	386	234		9			
11(44)	830	604	207		18			
12(大正元)	913	606	279		27			
13(2)	2,583	2,078	491	0	14		1	
14(3)	5,124	2,776	2,169	47		50	11	39
15(4)	10,164	8,390	589	1,100				86
16(5)	15,842	15,279		428				135
17(6)	17,016	16,973		42				
18(7)	4,680	3,394		1,040		28	9	168
19(8)	11,598	1,072		9,094		749	315	368
1920(9)	22,067	5,126	893	9,211	124	3,040	2,251	
21(10)	5,936							
22(11)	313							
23(12)	3							
24(13)	877		877					
25(14)	976		676		299			
26(昭和元)	51		51					
27(2)	0							
28(3)	0							
29(4)	0							
1930(5)	264							
31(6)	0							
32(7)	0							
33(8)	0							

時は日本の製薬界に君臨したのである。」（一九四頁）

このように、星一が社長をしていた星製薬株式会社が、後藤新平、および台湾総督府との密接な関係をうまく利用して、まず最初に飛び出す。同社は、一時的にではあるが、モルヒネ生産を独占してしまう。当然、その利益は大きく、同社は短期間に、最大手の製薬会社にのしあがることができた。

つごう四社がモルヒネ類を生産

しかし、いつまでも、モルヒネ生産を星製薬株式会社一社に独占させておくわけにはゆかないので、一九一七年一〇月になって、内務省は他の製薬会社三社にもモルヒネの生産を許可する。こうして、この時期から、つごう四社がモルヒネ類を生産することになった。この四社の一つである大日本製薬株式会社の社史は、当時の事情を次のように述べている。

「これ等の機関の活動により、阿片アルカロイドに関しては、衛生試験所における研究も進み、国産化の見通しもついたので、大正六年七月二十四日、阿片アルカロイドの製造を行う為、阿片法中一部改正が行われ、『製薬用阿片売下ニ関スル事項ハ命令ヲ以テ之ヲ定ム』との条項が加えられた。

同年八月十四日、内務省令第六号をもって、製薬用阿片売下に関する件が公布された。そして本省令第一条にもとずき、十月二十二日、製薬用阿片の売下を受ける会社として、当社は星製薬株式会社、株式会社ラヂウム商会、三共株式会社と共にその指定を受け、麻薬の製造を開始することとなった。

以上の如く四会社が指定されたが、当時はモルヒネ及びモルヒネ製剤の市価の騰貴が著しかっただけに、多くの薬業者が注目していた折柄であったから、その特権をこの四社が得たことを羨望する向も尠《すくな》くなく、又、事実この特権により四社の営業状態は順境に導かれた。」(『大日本製薬六〇年史』、大日本製薬株式会社、一九五七年、七一頁)

このように、一九一七年に、星製薬株式会社、株式会社ラヂウム商会、三共株式会社、および大日本製薬株式会社の四社が、内務省からモルヒネ製造の認可を受ける。これらの四社のうち、前述のように、星製薬株式会社は、すでにこれより二年前から、モルヒネを生産していたのであるから、その実績に鑑み、選ばれたのであろう。

しかし、残りの三社が、数多い製薬会社の中から、なにゆえ、選ばれたのか、不明である。モルヒネ製造が途方もなくもうかることは、星製薬株式会社がすでに実例をもって示していた。だから、製薬会社はこぞって、自分の会社が選ばれることを切望したはずである。従って、この三社が選ばれるに当たっては、きっと、その裏面で凄まじい暗闘が行なわれたであろうことが、容易に推察される。実際、幸いに指定を受けることができた大日本製薬株式会社は、その社史で、「又、事実この特権により四社の営業状態は順境に導かれた」と、モルヒネ製造にかかわったことで、会社の業績が向上したことを、正直に告白している。

星製薬株式会社の倒産

当初、四社の中でも、星製薬株式会社の収益が飛び抜けて大きく、短期間に最大手の製薬会社にのしあがることができた。しかし、その後、同社は政争がらみの事件に巻き込まれてゆく。その結果、同社は二度と立ち上がれないほどの打撃を受け、最終的には倒産してしまう。

このいきさつを、星一の子息で、ショートショートの小説家の星新一が、『人民は弱し官吏は強し』（文芸春秋社、一九六七年）で明らかにしている。当時のモルヒネ生産の状況を知る上で、同書はまたとない史料といってよいであろう。現在、東京に星薬科大学があるが、これが倒産してしまった星製薬株式会社のほとんど唯一の名残である。

このように、この時、認可を受けた四社のうち、星製薬株式会社は、その後、倒産してしまう。また、株式会社ラヂウム商会も、その後、武田薬品工業株式会社に吸収合併される。その際、前者が持っていたモルヒネ製造の特権は、そのまま後者に引き継がれた。

当時の日本の工業レベルに合致

製薬業と、一口にいっても、いろいろある。現在の状況を見てもわかるように、新薬の開発には、多額の資本と高い技術が必要である。しかし、モルヒネなどの麻薬類の製造に関する基本的技術は、当時、すでに広く知られており、あとは、それをいかに採算よく工業化するかが問われるだけであった。だから、新薬の発明に要するような、多額の資本と世界的レベルの最高の技術は必要なかった。

その意味で、モルヒネなどの麻薬の生産は、遅れてきた帝国主義国で、技術水準もそれほど高くない日本に適していた。また、これらの麻薬を製造する設備自体も、それほど大規模なものを必要としなかった。こうして、当時の日本の工業レベルに、たまたま、モルヒネ類の生産が適していたので、短期間にこの分野で日本は成功をおさめる。日本の麻薬生産は急速に成長してゆく。

モルヒネの国産化を実現

『大東亜』は、明治以来のモルヒネ輸入量の推移を通覧して次のようにいう。

「明治以来の本邦モルヒネ輸入量を通覧すると、戦争中、或は戦後にその量が著しく増大してゐる。即ち、明治二十七年迄、〇・三瓲《トン》を越えることは稀であったのが、同二十八年、〇・六瓲、同三十九年、約一瓲、大正四年、約一〇瓲、同六年、一七瓲と累増し、大正九年には二二瓲と最高を示してゐる。之によって如何に戦時にモルヒネの需要が激増するかが肯かれると同時に、戦争形態が一層、大規模化した支那事変以来の我が国に於ける消費量は極めて大なることが察知せられる。」（『大東亜』、二六頁）

たしかに、『大東亜』が指摘するように、モルヒネの輸入量は戦争を契機にして急速に拡大している。それだけ戦場ではモルヒネが必需品であったということである。一方、一九二〇年（大正九年）の約二二トンを最高にして、その後、モルヒネ輸入量は急速に減少し、一九三〇年を最後に外国からの輸入は終わってしまう。このことは、大体、一九二〇年代に日本におけるモルヒネ生産が軌道に乗り出したことを示していよう。

この方面における日本のその後の発展はまことにめざましいものがあり、短期間のうちに日本は世界有数のモルヒネ類の生産国にのし上ってゆく。その状況を『大東亜』は次のようにいう。

「内地の製造量を第五表によってみると、モルヒネは漸増の傾向にある。現在では製造の最高機能を発揮してゐることと思はれるから、更に増加してゐよう。

次に世界に於ける地位をみると、昭和十年度の全世界モルヒネ製造量は約三一瓲《トン》であるから、我が国はその一割以上を占め、米（六・三瓲）、独（六・三瓲）、仏（四瓲）に次いで、第四位となってゐる。

ヘロインでは、同じく昭和十年に於て全世界製造量〇・六七瓲に対して、我が国は〇・二五瓲（三割七分強）を製造し第一位を占めてゐる［原註三］。

［原註三］我が国に次ぐヘロイン生産国は英（〇・一瓲）、伊（〇・一瓲）、ソ聯・仏等である。昭和九年には我が国は世界生産の実に五割近くを占めてゐる。」（『大東亜』、二一頁）

世界的レベルに到達

まず、前掲の史料の中で、『大東亜』が「第五表」と述べているものを、【表15】として転載しておく。これは、日本内地における、一九三一～三五年の五年間の、モルヒネ・ヘロインの生産額の統計である。これによれば、一九三五年度（昭和一〇年度）の日本のモルヒネ及びヘロインの製造量は、それぞれ三二四五キログラムと、二五〇キログラムで、『大東亜』の説く所によれば、モルヒネは世界第四位、ヘロインは第一位であった。また、【表16】は、一九三五年度（昭和一〇年度）のモルヒネ類の需給状況を、より細かに示している。

表15　内地モルヒネ・ヘロイン製造累年表

年別　種類	モルヒネ (kg)	ヘロイン (kg)
1931（昭和 6）	1,446	688
32（7）	1,832	734
33（8）	3,624	675
34（9）	3,305	547
35（10）	3,245	250

「大東亜」p.21　第5表を転載。
〔League of Nationsの出版物よりより引用〕とある。

一方、『大東亜』が「なほ、コカインは同じく麻薬であるが、『コカ』の葉から採り、我が国は之に於ても世界生産の約四分の一（約〇・九𨫒）を製造してゐる」（二二頁）と述べているように、阿片とは系統が異なるが、やはり、麻薬の一種であるコカインも日本は大量に生産していた。

『大東亜』が「前大戦迄、全く外国に依存してゐた、これ等薬品の製造に、我が国がかくの如き隆盛を示してゐるのは全く政府及び民間が努力した結果である」（二二頁）と自画自賛しているように、第一次世界大戦ごろから、わずか

表16　昭和10年度本邦モルヒネ・ヘロイン・コデイン需給状況（単位kg）

	地域	前年末ストック	製造量	輸入量	消費量	製剤消費量	輸出量	年末ストック	必要ストック見積量
モルヒネ	内地	222	3,245	23	1,127	2,105	39	220	250
	朝鮮	279		1	82	18		199	111
	台湾	4		15	10			7	5
	関東州	4	36	3	38			15	25
ヘロイン	内地	109	250		223		35	100	120
	朝鮮	152			22			111	41
	台湾	3		28	27			4	6
	関東州	3		1	1			3	
コデイン	内地	200	1,498	252	1,325	275	150	200	400
	朝鮮	22	22	35	64			15	14
	台湾	10	10	82	86			16	13
	関東州			25	25				20

「大東亜」p.26　第10表を転載。
〔League of Nationsの出版物より引用す。〕とある。

に二〇数年間で、日本の製薬工業の進展はめざましく、ついに世界第一級のモルヒネ類の生産能力を具えるにいたったのである。

このように、日本のモルヒネ類の生産水準の向上は著しく、一九二〇年代に入ると、ほぼ自国の需要をまかなえるようになる。さらに、一九三〇年代になると、日本のそれは世界のトップ・レベルに達した。従来、日本は、外国から輸入したモルヒネ類を、もう一度、中国へ密輸出していた。しかし、一九二〇年ごろから状況が変わり、自国で生産したモルヒネ類を直接、中国に密輸できるようになった。要するに、日本製のモルヒネ類が中国に広く出まわるようになる。こういった変化は当然、モルヒネ類の密輸出を容易にし、かつ、密輸出する数量を飛躍的に増大させるのに、与って力となったことであろう。

売薬の行商が前史

モルヒネの生産には発達した工業が必要であったので、当時の中国では生産できなかった。自国で生産していない以上、中国国内のモルヒネは、すべて外部から持ち込まれたものであった。さまざまな勢力がモルヒネを持ち込んだが、しかし、その中で次第に日本が目立つようになる(とりわけ、満州や華北地方)。

前述したように、一九一〇年代後半まで、モルヒネはおもに英・独両国が生産しており、日本はまだモルヒネを国産していない。従って、この時期、たしかに中国へ、モルヒネを直接、持ち込むのは、おもに日本であるが、しかし、日本は自国で生産していないので、いったん、英・独両国からモルヒネを輸入し、次にそれを、もう一度、中国に密輸した。

日本が中国にモルヒネを多く密輸するようになったのには、一つの前史があった。それは、売薬の行商である。日露戦争の時期ぐらいから、零細な行商人が多く中国各地に入りこみ、薬を売り歩いた。日本の薬はよく効いたので、当初、中国人から歓迎された。また、ほとんど資本がなくても、この商売を始められた。このため、中国に出かけ、一旗、揚げたいと考える青年の多くは、売薬の行商人になり、中国の奥地を歩きまわった。

ところが、彼らは途中から、普通の薬に加えて、禁制品のモルヒネも合わせて販売するようになる。後者のほうが、ケタ違いに利益が多かったからである。

モルヒネの密売人

禁制品のモルヒネの密売は厳しく禁止されており、もし、中国人が摘発されれば、まず厳罰を免れなかった。ところが、日本人ならば、事実上の治外法権の特権を享受できたので、中国側の官憲は手だしができなかった。そういう有利な立場を利用して、モルヒネの密売を行なったことになる。モルヒネの密売は利益も大きかったが、他方、良識ある中国人の顰蹙《ひんしゆく》もかった。人道に背く日本の行為は、中国はもとより欧米各国からも非難を受けた。次の二つの史料は、日本がモルヒネの密輸出にいかに深くかかわっていたかを、日本人の側から指摘している。

「禁煙の施行に関して阻害を与ふる邦人の行動は現時に於ては『モルヒネ』の密輸入即ち是《これ》なり。我邦人の支那に在留する者十万（関東州を除く）を算すと雖も、其実質に至りては、欧米人に比し甚しく遜色あり。其多くは、不正業、又は醜業を営み、支那人に対し詐欺的行為をなすものあり。（中略）

偖《さ》て邦人不正業者の多くは、売薬行商人にして殆んど『モルヒネ』及び『コカエン』を零売《れいばい》せざるはなし。此禁制品は其利得、極めて大なるを以て、之が密売に従事するもの遠く満州内地に侵入し、隠顕出没、到底、之を取締ること能はざるの状態なり。」（野波静雄『国際阿片問

題』、一九二五年、平凡社、二二〇頁）

野波静雄が指摘するように、当時、日本人で中国へ渡っていたものの多くは売春婦（醜業婦）とモルヒネの密売人（不正業者）であった。この二種類の日本人が、随分、目立つ存在であった（特に満州で）。

「其裏面に於て日本人程多く、阿片、モルヒネ密売関係者はない事実に接するのである。全く官憲の取締と反対なる奇現象を来たし、阿片関係者は別として、モルヒネ外麻酔毒物の関係者の八、九割は日本人なる驚くべき実状を呈してゐる。製造輸出国は英、独なれど、仲介者の多くは日本人なる為に、検挙されたる件数は非常に日本人に多く、又、小売業者にいたっては全部日本人なる為めに、支那人側より見るならば、日本官民が一致して利得し、一方には政策に由り支那を害する者と信ずるも由なきことではない。」（前掲、菊地酉治等『阿片問題の研究』、三頁）

後述するように、菊地酉治自身、麻薬の密売にかかわったことがあるだけに、彼の指摘は鋭い。彼のいうように、中国側から眺めれば、日本は「官民が一致して」、モルヒネの密売を推進しているように、さぞかし見えたことであろう。

「某洋薬房」と婉曲に表現

このように、日本から大量のモルヒネが密輸出されたのであるから、中国側と種々のトラブルがおこるのは当然であった。まず、東北地方でいえば、満鉄の附属地が、隠れ家、あるいは聖域となった。中国人の阿片中毒者は、禁煙の取締が厳しいので、容易に阿片を吸えなかった。そこで、附属地に出かけていって、そこにある日本側の女郎屋で、ひそかに吸煙した（『盛京時報』、一九一五年四月三〇日）。

また、モルヒネ中毒者が、奉天《ほうてん》（現在の瀋陽《しんよう》）の西関《せいかん》にある「某洋薬房」に赴き、モルヒネを買って、店から出てきた所を巡警に見つかり、捕まる（『盛京時報』、一九一五年三月一六日）。この史料で、興味があるのは、「某洋薬房」である。これは、おそらく、「東洋薬房」の婉曲な表現である。中国で東洋は日本を指す。この史料が掲載されている『盛京時報』は日本の資本で出している新聞である。このため、はっきり日本の薬房というのは、支障があるので、やむなく、こういった婉曲の表現に変えたのである。しかし、別の側面から言えば、（次に示す史料も同様だが）婉曲な表現ながら、日本側が出している新聞に、とにかく、こういった記事を書き残した中国人記者の努力はたいしたものである。

女のモルヒネ中毒者が、鳳城《ほうじょう》県の「南門外《なんもんがい》の某薬局」に行き、モルヒネを買う。店から出てきたところを見つかり、捕まる（『盛京時報』、一九一五年四月二三日）。この場合も、「南門外の某薬局」は、日本人が経営する薬局であろう。日本をはばかって、「某薬局」と婉曲に表現している。中国側の店なら、彼女をわざわざ、店の外で待っていて、捕まえたりはしない。

中国側官憲は手を出せない

このように、この時、日本人の薬局は、事実上の治外法権の特権を持っていたので、たとえ、彼らが禁制品のモルヒネを密売していることがわかっても、中国側の官憲は手を出せなかった。彼らとしては、その店に出入りする中国人のモルヒネ中毒者を、店のそとで捕まえることしかできなかった。このことに、中国側は、随分、くやしい思いをさせられたことであろう。次に紹介する史料は、こういった事情を日本側から述べたものである。

「●モルヒネの零売　支那人にして相当に暮す者は、公然と鑑札を受け高価の阿片煙膏を購ひ之を吸食するも、其日稼ぎの苦力《クーリー》などに至ては、却々《なかなか》、其資力なきより、煙膏と殆んど同一の快味を感ずるモルヒネを購ひ、之を注射し居れり。

抑《そもそ》も、モルヒネは我国と清国との協定上、特別の場合を除くの外、輸入を禁じあるにも拘らず、我売薬者は法網を潜《くぐ》り、内地の奸商と気脈を通じ、小包郵便其他の方法にて、モルヒネを取寄せ、之を支那人に零売し、不当の利を貪り居るは、今更、誰れ知らぬ者なき事なるが、支那官憲にても、到底、一片の布達ぐらひでは禁止の出来ざるを覚り、先頃よりは各売薬店の辺りへ巡警を立せ、支那人が其店へ入り、何か買物をして門口を出るが否や巡警は直に其者を押へ何を買求めしかを取調べ、若しモルヒネでも懐中するが最後、直に手は後ろに廻り巡警局へ引立てらるるなり。

既に引致されし者も数十名の多きに達したれば、彼等も忽ち恐れを懐き、目下は売行甚だ少しと云ふ。支那官憲にて此の処置を取らざる前迄は、日々、何十人と云ふ顧客あって、頗る暴利を貪り居たりと云ふ。」(『満州新報』、一九一〇年四月二八日)

モルヒネ密売人と逃亡酌婦

前述したように、日本人のモルヒネ密売人に中国側官憲は手を出せなかった。従って、彼らを取り締まるのは、日本側の役割ということになった。しかし、日本側の取締は極めて手ぬるいものであって、ほんの「申し訳」程度に彼らを罰するだけであった。次に紹介する二つの史料は、たまたま同じ新聞の、同じページに並んで掲載されたものである。これから、日本側の取締の実態がよくわかる。

「●双城堡モヒ事件

去月十八日、哈爾賓総領事館、古山署長は福山巡査を具して、双城堡《そうじょうほ》に赴き、密かに調査を了り、翌十九日、モヒ密売者として岩城仙太郎、蓮池権治郎、吉井光助、高代末太郎、佐藤半兵衛の五名を検挙し、モヒ、コカイン、並に其注射器等を証拠物件として押収し、引上げたるが、其後、審理の結果、二十九日、何《いず》れも二十日間の拘留に処せられたり。右の中、佐藤は密売を初めてより、未だ、幾何《いくばく》ならざるも、他の岩城、蓮池、吉井、高代等は、双城堡にては既に知られたるモヒ屋にて、何《いず》れも一万円以上の蓄財あり。最早《もはや》、年貢の納め時なりとの噂《うわ》さあり。」

「●逃亡酌婦、捕はる
逢阪町、栄楼、青山熊方《かた》、酌婦、緑事《こと》、加茂カネ（二一）は、旧臘《きゅうろう》、大晦日の朝、無断外出したる儘、姿を晦《くらま》したるより、捜査中の処、二日、越後町、ク区二十八号地、原長槌方《かた》に潜伏しゐたる処を取押へられたるが、三日、拘留十日に処する旨、云渡《いいわた》さる。」（ともに『満州日日新聞』、一九一七年二月四日）

量刑のあまりの不当さに驚く

まず、双城堡は、東支鉄道（もとの東清《とうしん》鉄道。民国になってから、このように改称して呼んだ）沿いの町で、ハルビンより、少し南に位置した。ここは、中国側の主権のある地域なので、ここに居住する日本人は領事館の支配を受けた。より具体的には、領事館警察（領警）の取締を受けた。一方、逢阪町は大連の地名で遊廓があった所である。酌婦は、内地では私娼であるが、満州の場合は特別で、公娼たる娼妓を意味した［拙稿「満州の酌婦は内地の娼妓」、『愛知県立大学文学部論集（一般教育篇）』、第三八号、一九九〇年、参照］。

まず、大晦日から約一ヵ月の間、逃亡していて、捕まった酌婦が、一〇日間、拘留の罰を受けている。酌婦が逃亡しても、果たして　世の中にどれだけの害を与えるというのであろうか。与えはしない。困るのは、それこそ、彼女に前借金を貸してある抱え主の楼主だけである。それでも、彼女は一〇日間も拘留される。きびしい罰である。

それに対して、なんと、一万円以上（現在の貨幣価値に換算すれば、一億円以上）も稼いだという、札つきのモルヒネ密売屋の受けた罰が、いずれも、拘留二〇日間であった。彼らによって密売されるモルヒネは、それを用いる中国人に、心身の不健康と緩慢な死を、確実にもたらすものであった。にもかかわらず、彼らが受けた罰は、いずれも拘留二〇日間であって、それは、一ヵ月間、逃亡して捕まった酌婦が受けた罰（一〇日間の拘留）の、わずか二倍にすぎなかった。

モルヒネ密売屋に対する罰の何たる軽さ。逆に逃亡酌婦に対する罰の何たる重さ。——二つのケースがたまたま並べて掲載されているのを見て、私は思わず、量刑のあまりの不当さに驚き、あきれはててしまった。

売春の場に放りこまれた女たちが、いかに悲惨な状況に置かれていたのかを白日のもとに曝すとともに、一方で、モルヒネ密売人が事実上、野放しにされていたことも、合わせて暴露している。たまたま、二つの史料が並べて掲載されているので、両者の違いを際立って知らせてくれる。その意味で、これは極めて貴重な史料である。

日本側の取締は手ぬるい

不正な手段によって、現在の貨幣価値に換算すれば、一億円以上も蓄財した、札つきの悪党どもが、たまたま捕まっても、せいぜい二〇日間の拘留で許されてしまう。要するに、犯した罪の大きさに対し、彼らに加えられる罰はあまりに軽かった。罪と罰とが、全く釣り合っていなかった。これでは、彼らが、反省してモルヒネ密売をやめるはずがなかった。彼らは、二〇日間の拘留を経て、釈放される。そのあと、すぐにまた、モルヒネ密売の商売を再開したはずである。捕まっても、せいぜい二〇日間の拘留ならば、なにも恐れる必要はなかったからである。

このように、日本側のモルヒネ密売人に対する取締は、およそ真剣ではなく、申し訳程度のものにすぎなかった。これでは、事実上、彼らを野放しにしているといわれても、反論しようがないであろう。

恥知らずな禁制薬取扱業者

次の史料は、中国で禁制品、即ち、麻薬の密売に従事していた日本人のことを述べている。彼らは、他国の者もやっているというのを口実に、中国人の被る甚大な害毒に目をつむり、禁制品の麻薬を密売し、不正な利益をあげていた。自分だけ儲かりさえすれば、あとはどうなってもよいという、情けない日本人の姿がそこにある。彼らこそ、エコノミック・アニマルと呼ばれる現代の日本人の源流である。このように、恥知らずな日本人のモルヒネ密売人が、当時、中国に多く集まっていた。

「青島《チンタオ》から済南《さいなん》に行く列車中の出来事である。禁制薬取扱によって巨富をなしたといふ評判のある某が昂然として語るを聞けば、

『一体全体、領事館あたりでは日本の人口増加をどう見て居るのであらう。海外に出て働いて居る吾々は一粒の米と雖も母国の厄介になって居ないのである。いはば海外発展の魁《さきがけ》である。それに領事館の禁制品取扱者に対する取締りの徹底ぶりはどうであらう。

支那の役人の取締もこんなに苛酷ではない。見あたり次第、容赦なく退去処分で内地に送還して終《しま》ふ。生計を奪はれた彼等が内地に帰って、やがて凡ゆる方面に流す害毒を考へて見るがよい。彼等が取扱はなくても、欧米人は口に人道を唱へながら、大規模に取扱って居るではないか。支那の国民を毒するのは結局、同じことである。』

亜片モルヒネ取扱に関する某の話は縷々として尽きないが、此短い言葉の内に『自分さへよければ、人はどうでもよい。人もするのだ。自分もしなければ損だ。』といふ現代世相の現はれを、痛感せずには居られなかった。」（菊地酉治「支那に対する阿片の害毒防止運動」論文に対する「編輯子」による前書き、『同仁』、二巻五号、一九二八年五月、七頁）

一連のトラブル

醜い日本人が大挙して中国に渡り、恥知らずにも、人道に背いたモルヒネの密売に従事したのであるから、当然、中国側の怒りを買い、その結果、トラブルが頻発した。一連のトラブル（おそらく、それは氷山の一角に過ぎないであろうが！）を、前述の菊地酉治は次のように紹介している。

「十数年前には北清方面に於て、有名な日本人モヒ密売店乱入事件を起し、又、満州及び天津、済南等は巨額の毒物を輸入してゐる事実、昨年の済南事件に於て虐殺せられたる者は殆どモヒ丸《がん》密造者であった。

又、山西省石家荘事件、保定府密売日本人銃殺事件、一昨冬、大連に於ける液体モヒ事件、或は熱河、ハルピン、大連等のモヒ製造工場事件、某製薬会社の山東省阿片専売事件等は委く国際的に知られて居る顕著なる事実である。其他、薬業者のみにても、数知れぬ密輸事件を惹起して常に暗い影を投げてゐる」（菊地酉治「支那阿片問題の一考察」、『支那』、二〇巻一二号、一九二九年一二月、六一頁）

ここで、菊地酉治は、およそ一〇件にのぼる事件の、ほとんどその名前をあげているだけであって、残念ながら、これらの事件の詳しい内容にまで立ち入って紹介してはいない。本当は、こういった事件の一つひとつを丁寧に調べてゆかねばならない。そうすることによって、この問題に関する、当時の日本側の対応ぶりが鮮やかに浮かびあがってくるのではあるまいか。私自身の今後の課題としたい。

なお、菊地酉治のあげている事件の中で興味があるのは、済南《さいなん》事件（一九二八年）に関する一節である。軍人として、たまたま、同事件に際会した佐々木到一も、次のように同趣旨のことを述べているからである。すなわち、

「それを聞かずして居残った邦人に対して残虐の手を加え、その老壮男女十六人が惨死体となってあらわれたのである。（中略）

わが軍の激昂はその極に達した。これでは、もはや、容赦はならないのである。もっとも、右の遭難者は、わが方から言えば引揚げの勧告を無視して現場に止まったものであって、その多くが、モヒ、ヘロインの密売者であり、惨殺は土民の手で行われたものと思われる節が多かったのである。」（佐々木到一『ある軍人の自伝』、一九六三年、普通社、一八一頁）

二つの史料は、済南事件で「虐殺せられたる者は殆どモヒ丸密造者」であったことを一致して指摘している。おそらく、当時においては、このことは、世間にかなり広く知られていたのではなかろうか。

モルヒネの蔓延の状況

以上のような経緯から、モルヒネが中国社会に急速に蔓延してゆく。その状況の一端を、満州の場合を例として、少し見てゆく。すなわち、すでに一九〇九年の段階で、モルヒネは相当、広範に広がっていた。例えば、営口《えいこう》の近郊の牛家屯《ぎゅうかとん》一帯で、モルヒネ中毒者を二〇余名、捕まえている（『盛京時報』一九〇九年九月二二日）。

また、西豊《せいほう》県はとりわけモルヒネの害が多かった所のようであるが、城内だけで、モルヒネを扱う店が二〇軒あった。一軒で、毎日、三元から七、八元のモルヒネを売ったから、全体では、およそ一二〇元にもなった（『盛京時報』一九一五年三月二九日）。

モルヒネ中毒者は、モルヒネを入手するために、例外なく、財産を使い果し、乞食同然の哀れな境遇に陥る。そして、中毒がひどくなれば、まず、必ず死んだ。彼らには、住む家もなく、路傍で暮らしていたから、多くの場合、気の毒なことに、行き倒れの形で息たえた。さらに満州のように、冬期の寒気が厳しい所では、往々にして、彼らは凍死した。例えば、一九一五年の満州でいえば、営口では五日間に二〇〇余名が凍死する。みな、モルヒネ中毒者であって、あまりに死者が多かったので、慈善堂が用意しておいた棺が不足してしまう。また、奉天《ほうてん》ではモルヒネ中毒者が多く行き倒れる。彼らを埋葬する棺が毎日、七、八から十数個にのぼった（『盛京時報』一九一五年一月二三日、及び同年四月二四日）。

ある史料は、彼らは寒気のために凍死したのではなく、実はモルヒネで死んだと述べているが（『盛京時報』一九一五年二月三日）、その通りであった。阿片では、まず死なないのに、モルヒネでは必ず死ぬ。――これが、後者の恐ろしい所であった。

当初は療養所を設置して収容した

一九一五年の段階では、まだ、公権力側はモルヒネ対策として療養所などの施設を設置し、中毒者を収容している。長春では、一五〇～一六〇名を収容した。しかし、やがて、施設は収容者で満杯になってしまう。やむなく、もう一ケ所、療養所を設置する（『盛京時報』一九一五年の二月六日、三月二九日、及び四月一〇日）。

琿春《こんしゅん》もモルヒネが蔓延し、人口、約二万人のうち、モルヒネ中毒者が四〇分の一、即ち、五〇〇人もいた。彼らを救済するために、県知事が療養所を設置している（『盛京時報』一九一五年三月三日）。

このように、いくつかの地方で、療養所を設立し、モルヒネ中毒者を収容している。しかし、後になると、これを断念する。モルヒネ中毒者が増大し、施設に収容しきれなくなったことと、また、財政難のためである。従って、後になると、公権力は何もせず、かってに彼らの死ぬのに任せた。というより、それ以上のことを、公権力側としても、もはや、やれなくなっていた。だから、療養所を設置して、彼らを収容したのは、ごく一時的なものにすぎなかった。

モルヒネ中毒者の数

恨みを呑んで死んでいったモルヒネ中毒者は、中国全体では、おびただしい数にのぼるであろう。しかし、残念ながら、モルヒネ中毒による死者の全国的な統計は存在しない。菊地西治は、次のように、モルヒネ中毒者の数を阿片中毒者の約半数と見ている。

「例へば、阿片癮者千万人ありとすれば、半数五百万人がモヒ中毒者であります。」（前掲、菊地西治等『阿片問題の研究』、二二一頁）

ただ、両者の割合は地域によって相当の差があったようで、満州国の場合、一九三八年末現在で、阿片中毒者六四万五〇〇七人に対し、モルヒネ中毒者は二万八一六四人という数字を発表している。しかし、モルヒネ中毒者は比較的短期日で死んでゆくので、ある一時点をとって両者の数を比較しても、あまり意味がないかもしれない。両者の割合を知るための、一応の目やすとして、この数字を紹介しておく。

以上のように、モルヒネが蔓延していった結果、二〇世紀の中国の阿片問題は、同時にモルヒネ問題でもあったということを、ここでは強調しておきたい。

第五章　外地における阿片戦略

朝鮮におけるケシ栽培

次に、日本が外地（植民地など）で行なった阿片・モルヒネ政策をざっと見てゆく。

朝鮮人も、日本人と同様に、伝統的に阿片を吸煙する習慣を持たない。従って、朝鮮は、タトエでいえば、「豚に真珠」、あるいは「猫に小判」にあてはまった。基本的に阿片を吸煙する習慣がないので、朝鮮では、安心して、ケシを栽培させることができた。そこで、日本側は、当面、朝鮮を原料阿片の生産地と位置づけ、大々的にケシを栽培させる。その状況を、『大東亜』は次のように述べる。

「朝鮮は気候・地質・民度・警察状態等の点より、本邦では最も罌粟栽培に適した処で、その主な栽培地方は京畿・江原・咸南《かんなん》・咸北《かんほく》の四道である。反当り収量は技術幼稚のため内地の半分位であるが、産する阿片の殆ど全部を年々移輸出し、殊に最近の輸入難に際して、本邦各地の需要を充足しつつあり、その役割は大きいといはねばならぬ。」（『大東亜』、一三頁）

「最近、増産計画が実施され、昨年［一九四二年に当たる。引用者注］秋の栽培面積は内地約二二〇〇町歩［約二一八二ヘクタール。引用者注］、朝鮮約四〇〇〇町歩［三九六七ヘクタール。引用者注］とのことであるから、両者共に昭和十年頃の約二倍に当り、当局では数年後に自給自足を可能ならしめようとしてゐる。増反と同時に、朝鮮に於ける反当り収量の増加を更

に図るべきであらう。」（『大東亜』、一三頁）

「朝鮮でも、昨年［一九四二年］、栽培面積を従来の二倍約四千町歩に引上げた。その生産量は約三〇瓲《トン》と推定されるが、技術改良によって、反当り収量を増加すれば、五〇瓲は可能であらう。」（『大東亜』、二八頁）

ケシの作付面積は内地の二倍

【表17】、及び【表7】で見るように、朝鮮におけるケシ栽培も急速に伸びている。ケシの作付面積は、大体、内地の二倍ほどであった。しかし、『大東亜』が述べているように、栽培面積の多い割りには反当り収量が低く、これが克服すべき課題になっていた。【表17】の備考欄に記したように、朝鮮のケシ栽培地域は京畿・江原・咸南・咸北の四道（道《どう》は朝鮮の一番大きな地方行政単位）が中心であったが、一九三九年になると、ほとんど全地域に拡大していることがわかる。

朝鮮の阿片生産が増加した結果、【表1】が示すように、一九三九年には台湾で必要とする原料阿片の八割を、さらに一九四〇、四一年には全量を、朝鮮産阿片でまかなえるほどであった。このように、朝鮮におけるケシ栽培は大きく発展したが、これに関する研究は、今まで見たことがない。研究上のこの空白も、すみやかに埋める必要があろう。

なお、朝鮮の場合、ケシ栽培＝原料阿片の生産だけでなく、実はモルヒネも大きな問題であった。これについては、第六章で詳しく扱うつもりである。

表17　朝鮮における阿片及びモルヒネ類の生産

年　度	収納高		製造高				売下高					備考
	数量（kg）	賠償金（円）	モルヒネ	ヘロイン	医薬用阿片	計（kg）	モルヒネ	ヘロイン	医薬用阿片	計（kg）	価格（円）	（ケシの栽培地域など）
1924（大正13）	1,182	27,929	—	—	—	—	—	—	11	11	1,323	
25（　14）	847	22,577	—	—	—	—	—	—	8	8	984	
26（昭和元）	631	19,531	—	—	—	—	—	—	7	7	843	
27（　2）	769	17,993	—	—	—	—	—	—	10	10	1,158	
28（　3）	808	24,490	—	—	—	—	—	—	10	10	1,143	
29（　4）	1,500	40,713	—	—	—	—	—	—	9	9	1,119	ケシ栽培面積　約747ha
30（　5）	1,400	35,572	196	103	11	310	173	88	8	269	198,243	
31（　6）	5,654	166,051	272	155	12	439	249	128	7	384	275,586	
32（　7）	7,634	235,153	274	136	10	421	271	140	6	418	298,506	
33（　8）	14,059	401,149	267	157	0	424	263	124	8	396	286,868	
34（　9）	11,338	343,028	310	101	10	421	218	43	9	270	190,473	京畿、江原、咸南、咸北の四道
35（　10）	18,348	565,922	84	0	5	89	67	12	8	87	59,023	同　上
36（　11）	27,305	796,776	0	0	12	12	55	3	11	69	43,312	同　上
37（　12）	28,848	792,618	0	0	60	60	54	3	52	108	47,786	同　上
38（　13）	27,712	781,914	87	0	22	109	89	4	19	112	70,362	江原、咸南、咸北の三道及び平安南道、黄海道の二道
39（　14）	26,702		142	4	45	191	145	4	36	186		全南、忠北、平北を除く各道で耕作

朝鮮総督府編纂「朝鮮総督府統計年報」より作製。単位はkg。なお、備考欄は朝鮮総督府編「朝鮮要覧」及び同「朝鮮事情」の記事によった。

関東州における阿片専売制度

関東州は、遼東半島の先端に位置する植民地であるが、とにかく、狭いのが特徴であった。具体的には、その面積は、現在の日本の国土の約百分の一、また、後の満州国の四百分の一に過ぎなかった。ただ、狭いといっても、関東州（及び満鉄附属地）には相当数の阿片吸煙の習慣を持つ中国人が居住していた。前述のタトエでいえば、関東州は、「猫と鰹節」のほうがあてはまった。だから、領域内では、やはり、ケシ栽培は厳重に取り締まった。阿片中毒者を登録させ、彼らに必要な阿片を当局側が配給した。この点は、日本側が、台湾で施行した阿片政策と基本的に同じであった【表18】。

表18　関東州吸飲特許者数

昭和元年	29,172人
2	31,062
3	31,176
4	30,858
5	30,491
6	30,673
7	31,248
8	31,044
9	33,329

「大東亜」P.25　第9表を転載。〔League of Nationsの出版物より引用す。〕とある。

しかし、関東州において、日本側が行なった阿片政策は、他の地域のそれとは、随分、違っていた。すなわち、次に記すように、関東州では、植民地当局は直接、阿片専売を行なわず、他の個人、ないしは団体に業務を委任させる方針をとった。これが、関東州の阿片政策の第一の特徴である。

「当初、個人特許制度を採用し、明治三十九年、支那人潘《はん》忠国に、翌四十年、石本鑽《かん》太郎に之を許可したが、大正四年に至り、個人特許を廃して、慈善団体たる大連宏済善堂に特許し、当局の直接監理の下に同堂戒煙部をして、阿片の輸入、及び販売を行はしめ」（関東局編『関東局施政三十年史』、上巻、一九三六年、七二六頁）

特別会計歳入の中枢を為す

日本側が植民地で行なった阿片政策は、阿片の専売制を伴っていたので、必ず莫大な収益を生み出した。阿片政策による収益は大きく、当該植民地財政の基幹部分を形成するほどであった。例えば、昭和九年度（一九三四年度）の場合は次のようであった。

「昭和九年度に於ける癮者数は約四万六千餘人、小売人数は百四十九人である。其の収入は、前述の通り、財政上の理由に基く専売ではないが、当局特別会計歳入の中枢を為し、昭和九年度に於ける収入済額は六百三十七万餘円に達してゐる。」（前掲、関東局編『関東局施政三十年史』、上巻、七二七頁）

このように、狭いといわれる関東州でさえ、阿片専売制は、なお、これだけの収益をもたらし、阿片専売制の収入は、植民地財政の中枢をなしていたのである。

特定の個人や団体に請け負わせる

阿片専売事業には、これほど多額の金がかかわっていたのであるから、それは、個人で扱える限度をはるかに越えていた。個人で請け負うには、その扱う金額があまりに大きすぎたからである。そうである以上、阿片専売事業は、当然、当該植民地官庁が、全責任をとって、きちんと行なうべきものであって、それを特定の個人や団体に請け負わせるのは、本来、避けるべきであった。それなのに、関東州では、当初は現地の中国人（潘《はん》忠国）や、石本鏆太郎という、いわばあやしげな個人に阿片事業を任せてしまう。個人の扱える限度を越えていることがわかっているのに、敢えて個人に請け負わせるのであるから、この措置はまことにいい加減なものであった。別の面からいえば、そこに「あやしい」所があった。

また、途中から中国の伝統的な慈善団体である宏済善堂に専売業務を委任する。おそらく、後半の宏済善堂への委任は、名目上の要素が大きく、実際には日本側が仕事をとりしきっていたと推察されるが、それでも、正規の植民地官庁（関東都督府）が阿片専売事業を責任を持って引き受けてはいない。不思議な話である。

これに対し、台湾や朝鮮では、植民地当局（すなわち、台湾総督府や朝鮮総督府）が、組織として責任を持ち、直接、阿片政策を行なった。では、どうして、ひとり関東州に限り、このような変則的なやり方が行なわれたのであろうか。関東州の阿片政策を検討する場合、この点の解明がどうしても必要になる。

関東州のオープンな性格

一つは関東州の地理的環境の特殊性が多少、かかわっていたかもしれない。すなわち、台湾や朝鮮の地理的環境が閉鎖的であったのに対し、関東州はオープンな性格であった。大連港は多くの物資と人間を呑吐する、いわば満州の表玄関であって、毎年、多くの出稼ぎの中国人が山東省方面から船でやってきて、ここを経由して、満州の奥地やシベリア方面に移動していった。彼らは満州やシベリアへの出稼ぎの往復に、関東州という狭い植民地を通過した。

短期間に大量に移動する出稼ぎの中国人の携帯する阿片を調べたり、また、彼らの持参する阿片に替えて、日本植民地当局が製造した阿片を売りつけることは、元来、難しかった。だから、関東州を通過する出稼ぎ中国人の携帯する阿片は事実上、野放しにされた。このような事情から、台湾で施行したような厳格な阿片管理を、ここで行なうことは困難であった。

狭い地域を出稼ぎの中国人が大量に移動している中で、専売制をしくのであるから、関東州における専売制は初めからそんなに整備されたものを望めなかった。関東州で、関東都督府が自分で阿片事業を行なわず、特定の個人や団体に請け負わせたのには、こういった事情も多少は関係していたかもしれない。しかし、私としては、もっと別な所に、すなわち、軍部の意向に、その理由を求めたい。

石本鏆太郎の経歴

この問題では軍部の意向が強く働いたであろうことは、阿片専売事業を初期に個人として委任された石本鏆太郎の経歴を、詳しく調べてゆけば、おのずと浮かび上がってくる。次は、彼のことを伝える史料である。

「▲大連市松山台に頑張り、宏壮な邸宅を構へ、大連市街を睨睥《へいげい》し、世に所謂松山御殿と称されてゐる主人公は誰か。伝来の遺産を傾けて徒らに豪奢に耽る者でも無く、亦、株式界の僥倖児でも無い。日露戦争以来、満州の利源開発に努力した石本鏆太郎氏である。

氏は元治元年、佐国長岡郡上豊に生れ、明治十五年、先づ上海に渡って語学を勉強し、専ら支那研究に没頭したのである。後年、日支外交問題の頻発するに際し、氏の熱心なる研究は全権委員等に扈従《こじゅう》して貢献する所が尠なく無かった。其後、三井三菱等にも勤務した事あり。又、東京に於て、牛乳搾取事業を独立自営した事もある。時、恰も
▲明治二十七年。東洋の風雲、俄に変り、日支の国交、端なくも破れて、互に干戈を交へるに当って、氏は支那語教官として従軍し、凱旋後も占領地総督府附を命ぜられ、金州に赴任し、傍ら支那研究に身を委ねた。時の守備軍は第二師団。乃木将軍が師団長で、後十年、三十七年の日露役に乃木将軍が第三軍を率ゐて征途に上るや、又、司令部附となり、旅順、奉天の二大戦、参加した。此間、満州各地の阿片事業を調査し、戦後、満州に於ける阿片事業経営に関する意見書を当局に提出し、満州総督府の容るる所となり、阿片に関する調査委員を命ぜられ、後、阿片事業の民間に委せらるるに至って、其経営を許され、斯業《しぎょう》の経営に努め、
▲都督府の収入を図ると共に、自己も亦、巨万の富を積むに至った。爾後、満蒙に於ける各方面の事業を経営し、大正四年、総選挙には郷里高知県より推されて衆議院議員となり、市制施行と共に第一期市長に推され（後略）」（『満州日日新聞』、一九二〇年一月八日）

右の史料が伝えるように、石本鏆太郎は元来、中国語の通訳に過ぎなかった。それが、日清・日露戦争に、司令部附の通訳として従軍することで運が開けてくる。彼は、高級将校、とくに乃木将軍の知遇を得ていた。

軍部のダミー

通訳は職業軍人ではない。戦争が終われば、また、民間人に戻る。しかし、石本鏆太郎は、司令部附の通訳として、日清・日露の二つの対外戦争に従軍したことで、(乃木将軍に代表されるような) 高級軍人の知遇を得ることに成功する。

形式上、彼はたしかに軍人ではないが、しかし、高級軍人側からすれば、戦争中、戦地で、ほとんどいつも一緒に行動していたのであるから、実際の感覚では、ほとんど身内のような存在であった。軍部にとって、彼は、民間人の中では、最も信頼でき、また、気心の知れた人物であった。一方、彼のほうも、また、「水心あれば魚心あり」というように、高級軍人の考えや望みを、本当の軍人以上によく理解できた。以上のような、石本鏆太郎の立場を理解すれば、日露戦争後、関東州で個人として阿片専売事業を請け負うことになった彼が、軍部のカイライ、あるいはダミーであったことは、自ずから明らかになってくる。

一〇年前の台湾領有時と比べ、日露戦争後の関東州では、さまざま事情が働き、軍部の意向をより強く貫徹できた。すなわち、日清戦争・北清事変に比べ、日露戦争はより大規模な戦争であり、それを戦いぬいた軍部の声望が高まったこと、また、日本勢力がさらに満州へ進出してゆく場合、関東州が格好の跳躍台や策源地の役割を果たしうること、及び、満州への進出を図るために、軍部にとって、いわゆる工作資金はいくらでも必要であり、できうれば、その資金の出どころも、正規の予算に計上されない、秘密資金のほうが望ましかったことなどである。

こういった事情から、関東州の軍部（当初は関東都督府陸軍部。一九一九年以降は、関東軍として独立する）は、阿片事業を実質的に握ることで、そこから機密費の捻出を図った。台湾や朝鮮の場合のように、関東都督府が全体として、阿片事業を施行するということは、きちんとした民政部門の官僚組織が阿片事業を担当することであった。この場合、阿片専売事業の収益金は、正規の予算のルートに乗ってしまっている以上、その大部分は植民地経営の財政に使われ、（満州、および中国本土へのさらなる進出を図る）軍部の工作資金に廻される額は当然、少なくなった。これでは、旨味がないので、軍部としては不満であった。

いわば「あぶく銭」の入る阿片専売事業を握ることで、軍部は機密費を捻出したかった。そこで、軍部は、台湾や朝鮮の場合のように、関東都督府が全体として、阿片事業を施行する方式に反対し、それをつぶす。しかし、軍部が直接、阿片事業を行なうのは、当時にあっては、外交上の配慮などから無理であった。こうした状況の中で考えだされたのが、特定の個人、あるいは団体に阿片事業を委託する方式であった。要するに、この変則的な方式の裏には、軍部の姿がちらついていた。

巨万の富を積むに至る

関東州の軍部としては、自分たちに最も信用のある、気心の知れた民間人を起用して、阿片事業を委ねることにした。そうすれば、彼を「隠れ蓑《みの》」にして、間接的ながら、軍部は阿片専売事業に関与し、そこから、莫大な裏金を得ることができたからである。形式的にはたしかに軍部の手から離れるが、しかし、実質的には軍部が利権の根幹部分を握り続けることができた。

この方式を求める中で、陸軍の通訳を長く勤め軍部に親しい石本鏆太郎を選び、個人的に阿片専売事業を委託する。彼なら民間人であり、軍部は裏に隠れることができた。一方、石本鏆太郎も自分が軍部のカイライであることをよく承知していた。だから、個人として阿片専売事業を請け負う過程で、事業の収益金を関東都督府に正規に納入するほかに、ひそかに軍部にも莫大な裏金を流用した。こうして、関東州の軍部は、個人の請負方式にすることによって、正規の予算に計上しないですむ秘密資金を潤沢に得ることができた。

石本鏆太郎が、軍部のカイライとして働いている以上、彼もまた、事業のおこぼれにあずかることは当然、許された。阿片事業のおこぼれにあずかるといっても、そのおこぼれは個人レベルで見れば、とてつもない金額になった。前掲の史料にあるように、まさに、「都督府の収入を図ると共に、自己も亦、巨万の富を積むに至った」のである。

巨万の富を得た彼は、豪壮華麗な邸宅を建設する。松山御殿と称された彼の邸宅は、関東都督府民政長官の公邸をも、はるかに凌駕していた。毎年、ここで催される花見の宴は有名であった。

さらに、その財力をもって、彼は、後に、衆議院議員や民選の第一期の大連市長を勤めている。結局、軍部の要請を秘かに受け、阿片専売事業を個人として請け負ったことで、石本鏆太郎はこれだけの成功を保障されたのであった。このように、この時、軍部と石本鏆太郎の両者は、互いに利用しあうことで、ともに大きな利益を得ることができたのである。

もちろん、以上の説を明白に裏づける史料は存在しない。ことが軍の秘密工作資金の捻出にかかわる以上、この件に関する史料が簡単に出てこないのは当然である。従って、以上の説はあくまで私の推論に過ぎない。

軍部の秘密工作資金を捻出

また、ものごとの性格上、関東州の出先の軍部が、阿片事業から、毎年、どの程度の資金を得ていたのかも不明である。しかし、阿片専売制が莫大な収益を生み出す以上、彼らが秘かに得ていた資金も、決して「はした金」ではなかったはずである。彼らは、一方でたしかにこの秘密工作資金を使って、満州や中国本土への（軍事的）進出を図る。

しかし、他方では、阿片事業の収益金から、正規の予算に計上されない、いわば「あぶく銭」を恒常的に得たことは、関東州の軍部の精神をまちがいなく堕落させていった。日露戦争までの時期、日本軍は総体として健全であった。しかし、その後、シベリア出兵の頃から、次第に健全さを失なってゆく。このような軍部の変化には、いろいろな要因がかかわっていようが、私は、その一つの要因として、出先の軍部が、関東州で、阿片事業の収益金から秘密資金を得ていたことをあげたい。恒常的に「あぶく銭」を入手できるようになった軍部は、やがて、満州などで、ろくでもない動きをしてゆく。「悪銭、身につかず」とは、よくいったものである。

また、以上、述べてきたように、関東州では日本側はさしたる阿片禁止の措置をとっていなかった。このことは、当時、比較的よく知られていたので、国際連盟の会議などで外国側はしばしば、この問題を取り上げて、日本側を非難した。

一方、大連港は満州の最大の港であるだけでなく、中国全体を見ても、上海に次ぐ第二の港に成長していた。しかも、日本が支配する港であった。そこで、必然的に大連港が日本側の阿片・モルヒネの密輸出の一大拠点となった。主に大阪方面から密輸された品はいったん大連港に集積され、さらに、ここから、満州や華北地方に密輸出されていった。大連港を舞台にして行なわれた、このような物資の動きは当然、日本側の暗黙の了解の下になされたのであった。

満州国における阿片専売制度

一九三二年に満州国が成立する。

「日本の侵略後、二、三ケ月のうちに全満州、特に大都市には、この憎むべき害悪が蔓延した。奉天、ハルビン、吉林《きつりん》その他では、阿片窟や麻酔剤販売店の無い街は見出せない。沢山な街で日本人と朝鮮人の商人が誠に簡単で而も効果的な組織を作り上げたのである。」、「ハルビンだけで一九三六年には娼家百七十二、阿片窟五十六、麻酔剤店百九十四もあった。」（アムレト

ー・ヴェスパ著、山村一郎訳『中国侵略秘史――或る特務機関員の手記』、一九四六年、大雅堂、八六頁）

このように、アムレトー・ヴェスパが指摘しているように、売春と並んで阿片が日本の満州国支配にとって重要な位置を占めていた。満州国の人民の精神を堕落させ、彼らの反抗心を眠らせるために、満州国の文字通り津々浦々に売春宿と並んで阿片窟・麻酔剤販売店が公然と作られていった。なお、ここでいう「麻酔剤」とはモルヒネ類を指している。

一方、阿片は満州国の人民の心身を弱め、反抗心をなくさせるだけでなく、同時に莫大な利益をもたらすものであった。そこで、日本は満州国でも阿片の専売制をしく。しかし、この場合もまた、台湾とは事情が異なっていた。満州国は、台湾に比べ、領域はずっと広大であったし、人口も多かった。その上、陸上の長い国境線によって、中国、外モンゴル、ソ連、朝鮮と接していた。

こうしたことから、満州国では、台湾の場合のように、全領域においてケシ栽培を禁止し、必要とする原料阿片はすべて外部から持ち込み、供給するという方式はとれなかった。なぜなら、満州国の阿片中毒者が全体として必要とする阿片の量は莫大であって、それをすべて外部から供給することは、当時の日本の力量をもってしても、不可能だったからである。

版図の絶対的な大きさを上手に利用

といって、満州国でケシ栽培を自由に許しておいたのでは、およそ阿片専売制はなりたたなかった。そこで、満州国のごく一部の地域に限って、日本側の厳しい管理下でケシ栽培を行い、必要な阿片の量を確保する一方、その他の地域ではケシ栽培を厳禁するという方式を採用した。要するに、満州国の版図の絶対的な大きさを上手に利用しようとしたのである。

その事情を、『大東亜』は次のように説明している。

「康徳五年［一九三八年、引用者注］秋より、掃匪工作の関係もあって、その栽培を熱河一省及び興安西省の一県一旗［原註二］を含む西土生産地区に限定した。栽培面積は康徳五年、熱河省六五万畝、興安西省六万畝、合計約七〇万畝（約四・二万町歩［約四・一七万ヘクタール。引用者注］）で阿片生産推定量は約四六〇瓩であった。

［原註二］興安西省の一県一旗とは林西県及び克什克騰旗のことである。熱河省の主なる栽培地は承徳・赤峰・囲場・建平・平泉・隆化・豊寧・灤《らん》平等である。」（『大東亜』、一八頁）

熱河省及びそれに隣接する興安西省の一県一旗は、満州国の版図の中でも、西南の隅に当たる【図7参照】。これらの地域は、以前から、中国でも有数の阿片生産地として知られていた。それは、前述したように、土地が痩せているため、一般の作物の栽培にはむしろ不向きであるが、ケ

図7　満州のケシ栽培（斜線を施した二つの地域<熱河省と東満>が従来から、ケシ栽培の盛んな所であった。）

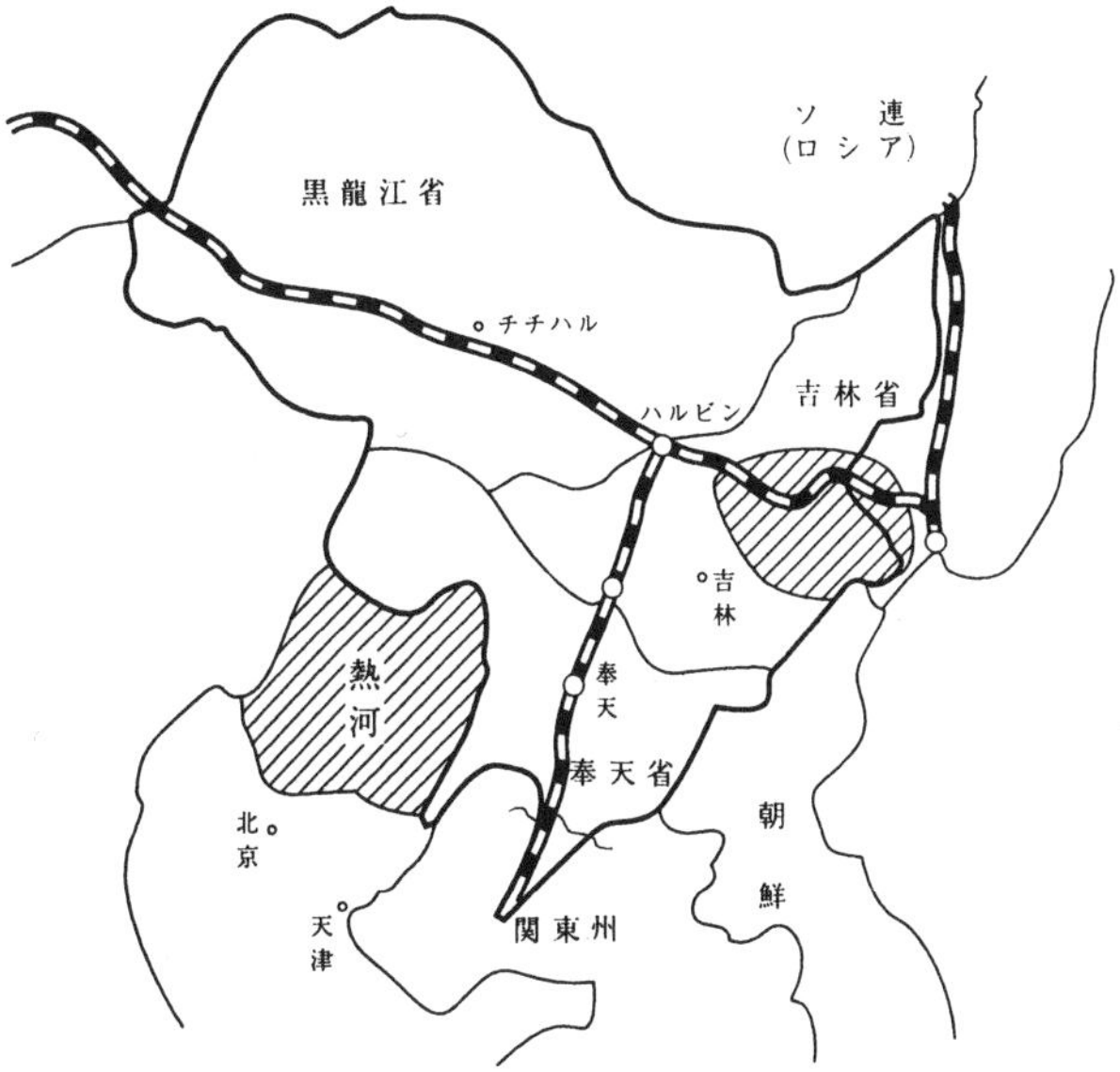

シは痩せた土地でも、なお、生育できたからである。

なお、別の史料では、これより二年前の一九三六年度のケシ栽培地域として、前記の二省に加えて、「三江省の一部」と「浜江省の一部」をあげている（日満実業協会『満州国阿片制度と阿片の概念』、一九三六年、一一頁）。二年の間に、どうして、この二地域が指定からはずされたのか、その理由は不明である。

満州国の専売当局は熱河省と興安西省のケシ栽培地域に、「農事合作社」なるものを設立させ、これに生産された原料阿片の集荷、及び政府への納入の業務をやらせた（民生部保健司『鴉片麻薬関係法令集』、康徳六年［一九三九年］、一四六頁）。

相当な成功をおさめる

さらに、買い上げた阿片をもとに阿片煙膏を製造し、国内の阿片中毒者に販売した。満州国における阿片専売制は、満州の人民が各地で武力抵抗している初期には、まだ、うまくいかなかったが、しかし、武力抵抗が鎮圧された数年後になると、徐々にそれは機能していった。その間の事情について、『大東亜』は次のようにいう。

「国内阿片癮者の煙膏消費推定量は、少くとも、一〇〇〇瓩以上である。［原註二］

［原註二］満州国専売総局では全満癮者推定数一〇〇万人（全人口の三パーセント強）、推定消費量は混灰煙膏なら一七五〇瓩・清水煙膏なら一三五〇瓩と推定してゐる。なほ、康徳四年［一九三七年。引用者注。以下、年号換算は同じ］末の政府の吸飲証表を受けた癮者数は六八・四万餘人であった。

［原註三］煙膏売下実績の推定消費量に対する割合は、大同元年［一九三二年］一・八パーセント、康徳元年［一九三四年］三・九パーセント、同二年［一九三五年］二九・六パーセント、同三年［一九三六年］三七・四パーセント、同四年［一九三七年］六二・三パーセントと、年々、向上してゐるが、残餘の約四〇パーセントは密飲と推定される。」（『大東亜』、一九頁）

このように、「建国」六年目の一九三七年で満州国の専売当局は、すでに国内の阿片中毒者のうち、約六割に当たる部分に自らが製造した阿片煙膏を売りつけることができた。国土の広さ、諸外国と陸上の長い国境線を有する地理的条件、及び、人口の多さを考慮するならば、これは大成功の部類に入るだろう。そして、阿片専売制の成功は確実に莫大な収益をもたらし、それは満州国の国家財政の中で、おそらく、基幹的な役割を果たしたと想像される。しかし、今日のところ、残念ながら、研究は十分ではなく、その具体的な状況は明言できない。

なお、後述するように、太平洋戦争時期、満州国は内モンゴル地区（蒙疆政権）から原料阿片を輸入していたようである。ということは、この時期、熱河省及び興安西省の一部だけでは、満州国が全体として必要とする原料阿片の全量をまかなえなかったということであろう。

内モンゴル地区のケシ栽培

蒙疆とは内モンゴルと、華北の一部をいう。日中戦争の初期の一九三七年秋に、この地域も日本の支配下に入り、察南、晋北、蒙古連盟の三つの自治政府（カイライ政権）が作られた。その後、一九三七年一一月には、これらの三つの政権を統合し、蒙疆連合委員会としている。さらに、それは一九三九年九月に、蒙古連合自治政府（蒙疆《もうきょう》政権と通称される）に改組されていった。

これまで知られていた史料からも、蒙疆地区が、この時期の日本の阿片戦略の中で（とくに原料阿片の供給の面で）、相当重要な役割を担っていたであろうことは、多少うかがうことができた。例えば、次はその一例である。

「西亜・欧州方面よりの輸入が杜絶したことは、屡々《しばしば》、述べた通りである。そこで、之に代る供給地を近くに求めようとしても、支那・満州は共に輸入国であり、印度は未だ英国の手中にあるといふ状態である。唯一つ注目すべきは最近、蒙疆地方の阿片を、数量は不明であるが、輸入し始めたことである。

蒙疆地方に於ける阿片の年生産量は約一、〇〇〇万両（約三七五瓩、但し一両は約一〇匁）と称せられてゐる。この中、五〇〇万両は地場消費に当てられ、残り五〇〇万両に奥地（甘粛・寧夏・青海方面）より搬入される五〇〇万両を加へた合計一、〇〇〇万両が輸出される状態である。（中略）

従って、現在、我が国唯一の新供給地として蒙疆阿片の果す役割は極めて大きく、今後も亦、その重要性は益々増大することであらう。」（『大東亜』、二八頁）

しかし、蒙疆阿片について、肝心の資料は隠されていて、手に入れようがなかった。例えば、川村得三編『蒙疆経済地理』（叢文閣、一九四一年）は、蒙疆政権の中心的産物である阿片について、ほとんどふれていない。その様子は、「第七章　貿易」の所で、「一、阿片（以下原稿五十枚削除）」（一二四頁）と記されているが如くである。

江口圭一氏の画期的な研究

このように、戦時体制下、内モンゴル地区で、大量の阿片が生産されたらしいことは漠然と知られていたが、阿片に関することは厳重に秘匿されたので、詳しいことは従来、全くわからなかった。ところが、近年、この蒙疆産の阿片について、江口圭一氏が画期的な研究を発表される。

江口氏は古本屋を通して、偶然、沼野英不二（ぬまの・てるふじ　一八九六〜一九八一）関係の資料を手に入れる。江口氏の調査によれば、沼野英不二は、一九四一年六月から一九四二年一〇月まで、蒙古連合自治政府の経済部次長（満州国の場合と同様に事実上の長官）の職にあった人だという。職務上、彼はこの地域の阿片政策の実質的な最高責任者の地位にいた。だから、当時の蒙疆阿片の実態を伝えるのに、沼野資料ほど貴重なものはなかった。

江口氏は、沼野資料を三三篇に整理し、一冊の本にまとめられた（江口圭一編著『資料　日中戦争期阿片政策――蒙疆政権を中心に――』、岩波書店、一九八五年、六三五頁、以下、『江口・資料』と略す）。同書に収録された沼野資料を丁寧に調べてゆくことで、今まで秘密のヴェールに包まれ、全くわからなかった蒙疆阿片の実態を解明してゆく道が開けた。この意義はまことに大きい。こういう貴重な資料を手に入れ、刊行してくれた江口氏に、私は心からの敬意を表するものである。

たった一枚の表からさえ

沼野資料は、それこそ、蒙疆阿片に関する第一級の史料である。当然のことながら、これまで厳重に秘匿されてきた生の数字も出てくる。例えば、沼野資料の一つとして、「資料二九」の「昭和十七年度支那阿片需給計画数量（昭和十七年八月二十日、興亜院）（『江口・資料』、五四七頁）

表19　昭和17年度支那阿片需給計画数量

昭和17年８月20日　興亜院

蒙疆	イ．管内阿片収納高	7,000
	ロ．華北向移出高	1,500
	ハ．華中向移出高	3,760
	ニ．日本向輸出高	600
	ホ．関東州向輸出高	200
	ヘ．満州国向輸出高	500
	ト．南方向輸出高	240
	チ．管内消費高	200
	リ．翌年度繰越高	
華北	1　供給計画	5,249
	イ．前年度繰越高	2,349
	ロ．蒙疆阿片移入高	1,500
	(1)　前年度産	
	(2)　当年度産	1,500
	ハ．管内阿片収納高	1,400
	2　配給計画	
	イ．当年度中配給高	3,700
	ロ．翌年度繰越高	1,549
華中	1　供給計画	6,500
	イ．前年度繰越高	1,863
	ロ．蒙疆阿片移入高	4,500
	(1)　前年度産	740
	(2)　当年度産	3,760
	ハ．管内阿片収納高	137
	2　配給計画	
	イ．当年度中配給高	6,500
	ロ．翌年度繰越高	

単位は千両（一両は36ｇ）。数字は確定計画のものを示す。

を取り上げてみよう。【表19】は、これを写しなおしたものである。

〔資料二九〕はわずか二頁に収録された表一枚にすぎないが、その内容はすばらしいものである。すなわち、外地の阿片政策を統括した興亜院が、蒙疆、華北、華中の三地域に分け、それぞれの地域における阿片の需要供給関係について、計画をたてたものである。当然のことながら、これには「極秘」と捺印されていたことが江口氏のほどこした注から知られる。

これにより、蒙疆阿片がいわば東アジア的規模で、決定的な役割を果たしていたことが、手にとるように看取できるであろう。もちろん、【表19】は計画数量だから、後述するように、この数

図8　蒙疆阿片の輸出

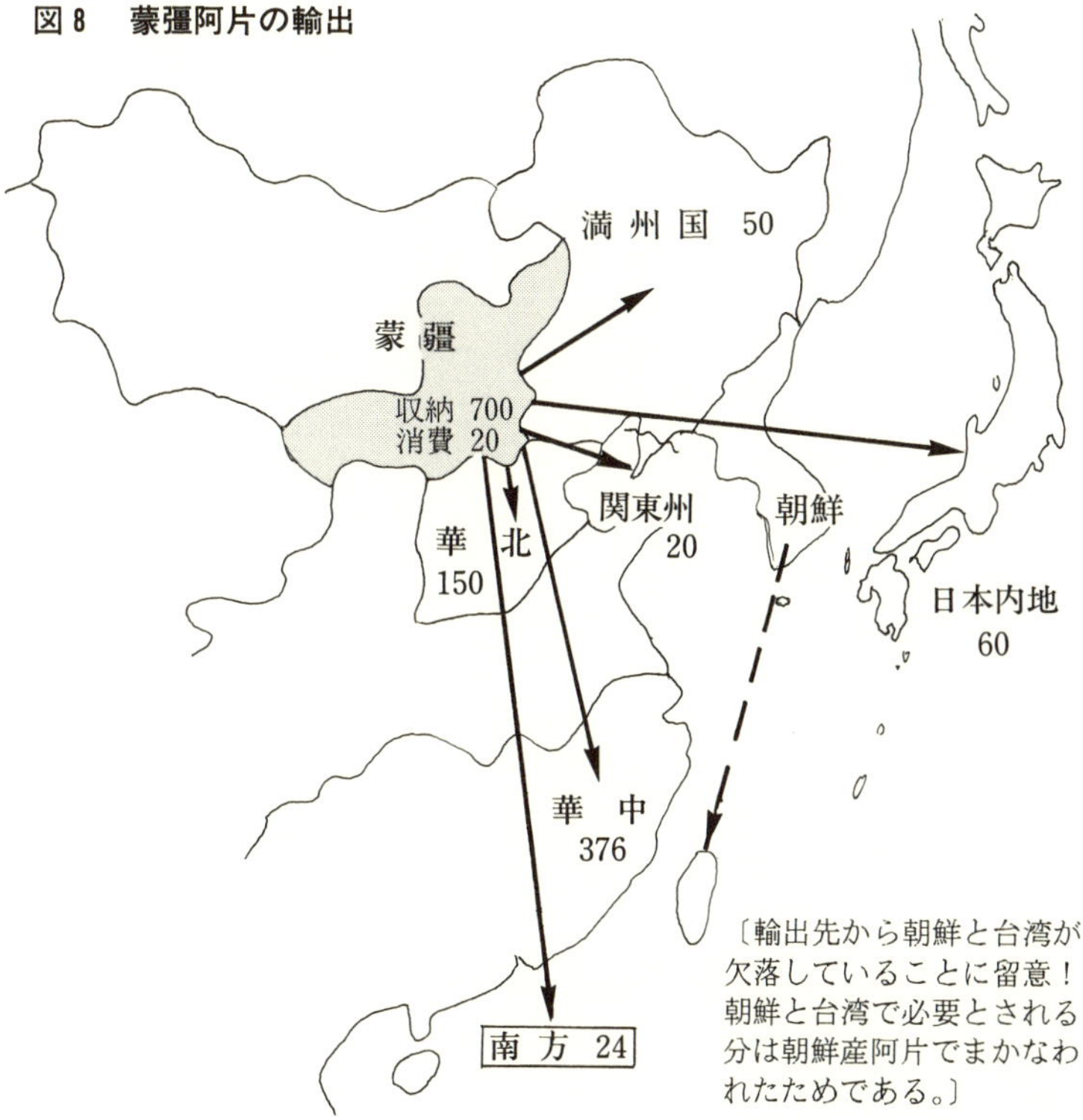

〔輸出先から朝鮮と台湾が欠落していることに留意！朝鮮と台湾で必要とされる分は朝鮮産阿片でまかなわれたためである。〕

字の通り、一九四二年度に阿片が生産され、分配されたわけではない。しかし、大体の傾向は知ることができる。少なくとも、日本側（興亜院）がどのように阿片を生産し、各地域に按配しようとしていたかという意図はつかむことができる。

例えば、蒙疆政権内での消費はごく少ないことがわかる。収納予想量七〇〇万両のうち、管内消費高はわずか二〇万両が計上されているに過ぎない。残りはすべて輸出にあてられている。そのうち、華中、及び華北へ輸出される分量がとくに多い。華北の場合、それでもまだ、自分の所で多少、阿片を生産しているが、華中になると、管内の生産は微々たるものになり、ほぼ全面的に蒙疆阿片に頼っていることがわかる【図8参照】。

このように、たった一枚の表から、東アジア全体を覆って展開される日本の阿片戦略(それは、この地域の阿片モルヒネの摂取者に、心身の不健康と緩慢な死を確実に約束するものであった!)の大要が鮮やかに浮かび上がってくる。これはまさに生の史料の醍醐味である。研究者として、本当に「手が震える」ような史料である。

土薬公司を作るが失敗

同書は蒙疆阿片に関する本格的な研究である。そこで、次に江口氏の研究に基づいて、蒙疆阿片の展開と問題点を述べることにする。なお、沼野資料の性格上、一九四二年までは比較的詳しくわかるが、一九四三年以降は不明部分が多くなる。これは、やむをえないことである。

日本側がいわゆる蒙疆地区に侵攻し、カイライ政権を打ちたてた直後の一九三七年、及び一九三八年は、阿片政策をとくに立てる余裕がないため、基本的に旧来の習慣、制度をそのまま踏襲した。具体的には、蒙疆地区の三つのカイライ政権がそれぞれ阿片商人を指定し、彼らに限り、阿片の売買を許可した。だから、こういう阿片商人が、ケシを栽培する農民から阿片を収買し、それを政府に納めた。阿片の収買価格と政府への納入価格との差額が、この場合、基本的に彼ら阿片商人の利益として残った。

なお、一九三八年一二月に興亜院ができる（一九四二年一一月に大東亜省に改組される）。この興亜院、及び大東亜省が外地（植民地と占領地）での阿片政策を統括した。

一九三九年になると、日本側は土薬公司を作り、準阿片専売制をめざす。すなわち、流通過程に介在する阿片商人を排除し、土薬公司が直接、農民から阿片を収買しようとしたのである。しかし、結果はさんざんな失敗であった。年初、七〇〇～七五〇〇万両（一両は三六グラム）の収納を予定していたのに、実収はわずか八八万両にとどまった。天候不良も一つの原因だが、本当の原因は、土薬公司が提示した収買価格が市価に比べて低すぎた所にあった。

なお、この年から、今までケシ栽培が行なわれていなかった察南、晋北の両地区にもケシ栽培を日本側は行なわせてゆく。この時まで、この地区で基本的にケシ栽培が行なわれていなかったのは、日本の支配以前、中国側の政権から、禁止されていたからである。

とかく、国民党政権下での反阿片運動＝禁煙運動を軽視し、ほとんど実効があがらなかったという見解があるが、それは誤りである。地域によって相当な差があるが、国民党時代でも、いくつかの地域では反阿片運動が一定の成果をあげ、ケシ栽培が行なわれていなかった。

察南、晋北地区も、この場合に含まれよう（農民がケシを栽培するか否かは、さまざまな要因から決定された。当該地域の政権が比較的まじめに取り締まり、かつ、他に適当な生計手段があれば、ケシ栽培を多少ひかえることも可能であった）。日本側は、蒙疆政権下の三つの自治政府の中でも、人口がずっと多い、この二つの地域で、おそらく強制的にケシを栽培させていったのであろう。

蒙疆地区の原料阿片の収穫量

土薬公司の方式がうまくいかなかったので、翌年の一九四〇年になると、土薬公司を解散し、代わりに従来の阿片商人に、再び阿片を収買させる方式に戻る。ただ、彼ら阿片商人に収納人組合（土商組合）を結成させ、土商組合を通して、阿片商人を把握しようとした。結局、いわゆる「封建主義的商業関係」を復活させ、「土商」（従来の阿片商人）にも一定の利益を保障する方式が、むしろ適していたということであろう。この方式が妥当だったようで、ずっと終わりまで、この方式がとられていった。

一九四〇年の阿片の実収納額は六七一万両で、阿片収益は一五六二万円となった。この額は相当大きかったようで、江口氏は「一般会計の歳出予算五九七一万余円というスケールに比べて、阿片収益がいかに巨利であったか明白であろう」（『江口・資料』、一二六頁）と述べている。

蒙疆政権の阿片輸出額は、この年、輸出額の五二％を占めた。このように、蒙疆阿片は積極的に輸出されたが、「しかし一九四〇年までは、華中で消費された阿片のうち蒙疆産の占める比重はまだ小さく、もっぱら熱河産あるいはペルシャ（イラン）産阿片でまかなわれていた」（『江口・資料』、一〇九頁）という指摘がある。だから、蒙疆阿片が全体として決定的な意味を持ってくるのは、翌年の一九四一年以降であろう。

その一九四一年の蒙疆阿片は未曽有の好成績であった。指定面積が九一万畝《ムー》、一畝《ムー》当たり二〇両の収穫として生産予想量が一八二八両。そして、収納予想量を七五五両とした。また、阿片収益予算を五二五〇万円とした。この時の一般会計総予算が四八三六万円であったから、阿片収益が一般会計の規模を上まわる予算がたてられたわけである（『江口・資料』、一三六頁）。

この年の実収納額は一一一四万両となった。おそらく、天候に恵まれたともに、土商組合を通して収買させる方式がうまく機能したからであろう。この他に、この時、あらたにケシ栽培を始めていた察南、晋北地区の生産も伸びが著しく、全体の六一％にもなる。蒙疆政権内の阿片の消費は少なく、この年は一四万両であり、残りは輸出された。例えば、この年、上海三八四万両、北京一二〇万両、関東州三〇万両という数字をあげている。

「蒙疆政権の阿片政策とくに管外への配給は、前述のように、すでに一九三九年度以来、興亜院の『支那阿片需給計画』の一環に組み込まれていた。一九四〇年に蒙疆政権が阿片の収納と配給を一応軌道にのせたことが、中国全占領地への阿片供給源としての蒙疆の地位をますます動かしがたいものとしたことは疑いない。」（『江口・資料』、一三三頁）

原料阿片の中枢的な供給地

右のように、蒙疆阿片の管外への輸出について江口氏は述べている。この頃から蒙疆阿片は、東アジア的規模で展開する日本の阿片戦略の中で、原料阿片の中枢的な供給地としての位置を着実に占めていった。

一九四二年は、アジア・太平洋戦争の開始と前年度の好成績をうけて、大阿片政策をとる。生産予想量は一七八六万両、収納予想量は一〇九〇万両とされた。しかし、天候不良のため、予想外の凶作になり、実収納額は三九八万両にとどまった。

アジア・太平洋戦争の開始により、インドや西アジアからの阿片の輸入が途絶したので、その分だけ蒙疆阿片の占める比重が高くなった。蒙疆阿片がそれまで輸入にたよっていた分を、代替して補わねばならなかったからである。また、日本軍の占領地が東南アジアにも拡大する。蒙疆阿片の供給対象はこの地域にもひろがった。こうして、「蒙疆は『大東亜共栄圏内各地ニ対スル阿片供給源泉地』としてその中枢に位置づけられたのである」（『江口・資料』、一五六頁）という状況になっていった。

前述したように、一九四三年以降は沼野資料がない。他の資料で補わねばならない。この年の収納予想量は初め一〇〇〇万両とされた。「しかし四三年度の阿片生産にはなんらかの相当重大な事故が発生した模様である」（『江口・資料』、一六二頁）と江口氏は述べている。その結果、年度途中で五〇〇万両に目標を下げている。実収納高は不明である。一九四四年については資料がなく、何もわからない。

以上、江口氏の業績に依拠して、蒙疆（内モンゴル、及び華北の一部）におけるケシ栽培の状況を簡単に紹介した。江口氏は、蒙疆阿片の生産量が、天候の関係などで、年ごとに、激しく増減したことを指摘している。その変動の程度はかなり極端である。これは、ひとり蒙疆阿片だけにあてはまる現象ではなく、どの地域でも、基本的には同じ現象が起こったはずである。それだけ、ケシの栽培は不安定で難しいということであろう。

第六章　朝鮮モルヒネ問題

法律上、モルヒネの摂取は野放し

前章で、朝鮮人に伝統的に阿片吸煙の習慣がないことから、日本側が、朝鮮半島で大規模にケシを栽培し、朝鮮を原料阿片の生産地にしていたことを述べた。ところが、日本側は、これだけでは満足しなかった。朝鮮の人々を利用し、彼らからもっともっと多額の利益を吸い出そうとする。それが、朝鮮人の間にモルヒネを広範にばらまき、彼らの多くをモルヒネ中毒者にしたてあげることであった。

偶然、金俊淵《しゅんえん》の「朝鮮モルヒネ問題」という史料を発見したことから、私はようやく、このことに気づかされたのである。この史料は古い文章なので、やや読みにくいかもしれない。しかし、それは極めて重要なことを指摘しているので、煩を厭わず、敢えて少し長く引用する。

金俊淵「朝鮮モルヒネ問題」

「朝鮮には今、モルヒネ中毒者が非常に多い。或る医者の確言する所に依れば、京畿道以南丈でも其の数一万を超ゆべしとの事である。モルヒネは阿片から精製したものであって之を注射するのである。其の作用は阿片烟吸食と少しも違はない。要するに、今、朝鮮にモルヒネ中毒者が一万人以上もゐると云ふことは阿片烟常習吸食者が一万人以上もゐると云ふことである。

支那は阿片烟の為めに最も苦んでゐる国であるとは誰しも知る所である。支那は其の為めに阿片戦争をやった。乍併《しかしながら》、今に至るまで此の阿片烟の病苦より支那を救ふことが出来ない。阿

片烟は支那民族の向上発展に対する一大障碍をなすものである。其の病毒が今や黒い手を延べて朝鮮を攫《つか》んでゐる。（中略）

故に差当り問題になるのは法律上よりの矯正である。

朝鮮刑事令に依って朝鮮にも日本の刑法が行はれることになってゐる。然るに刑法中の阿片烟に関する罪を見ると、実に峻厳を極めてゐる。即ち、阿片烟を輸入、製造、又は販売し、若《も》くは販売の目的を以て之を所持したる者は六月以上七年以下の懲役に処し、阿片烟を吸食したる者は三年以下の懲役に処すとし、其他、詳細なる規定を置き、此等の未遂罪をも罰することになってゐる。

そして、又、大正三年九月二十一日の朝鮮総督府訓令第五十一号は、云々の者ある時は刑法の正条に照し毫も仮借することなく、之を検挙して其の罪を断ずべきを明言してゐる。

乍併《しかしながら》、モルヒネ注射に関しては全く阿片烟吸食と同等の弊害を認めてゐるにも拘はらず、何《なん》等《ら》、特別の立法手段を執らなかったのである。即ち、大正三年十月、朝鮮総督府警務総監部訓令甲第四十九号には

『……客月二十一日朝鮮総督府訓令第五十一号ニ依リ阿片吸食ハ自今、絶対的禁遏《きんあつ》ノ措置ヲ執ルベキコトト相成候ニ付テハ、一層、周密ノ注意ヲ払ヒ、以テ阿片烟吸食ノ弊風ヲ絶滅セザルベカラズ。

然ルニ、「モルヒネ」、「コカイン」ノ注射ハ阿片烟吸食ニ代ハルベキ方法ニシテ、其ノ害毒ヲ人身ニ及ボスコト、阿片烟吸食ト敢テ軒輊《けんち》アルナシ。而シテ、従来、密ニ其ノ注射ヲ行フ者、

少カラザルヲ以テ、阿片烟吸食、禁遏ノ結果ハ自然、該注射ニ転ズルノ虞《おそれ》ナシトセズ云々』と云って、モルヒネ注射の弊害及其の軈《やが》て朝鮮の社会を来り襲ふべきを明瞭に看取してゐるのである。

そして、其の取締法としては、僅かに薬品及薬品営業取締令第七条の励行を示してゐる丈である。それに依ると、猥りにモルヒネを販売授与したる者には三月以下の禁錮、又は五百円以下の罰金の制裁がある丈である。

そして、モルヒネを注射した者はどうかと云ふに、朝鮮の法令には之を罰する規定を存してゐないのである。強いて求めば、警察犯処罰規則第一条第三十二号の運用にでも待つべきか？即ち、警察官署に於て、特に指示、若くは命令したる事項に違反したる者は拘留、又は科料に処すべきことになってゐるのである。

以上の事実に依って、同一の社会悪に対しての法律上の制裁に餘りの懸隔あることを認め得ることと思ふ。即ち、阿片烟を猥りに販売授与したる者は六月以上七年以下の懲役、モルヒネを猥りに販売授与したる者は三月以下の禁錮、又は五百円以下の罰金、阿片烟を吸食したる者は三年以下の懲役、モルヒネを注射したる者は無罰と云ふ事実を見るのである。

そして、モルヒネ中毒者は現に一万人以上もゐるのである。そして、モルヒネ注射は阿片烟吸食に比して非常に簡便なのである。

『ローマ法に依ってローマ法の上に』、『現代に依て現代の上に』と云ふ言葉を以て、朝鮮の当局者に逼《せま》るのは、或は無理であらう。併《しか》し乍《なが》ら、少くとも今、現に切迫してゐる此のモルヒネ問題に対して、積極的立法手段に出ることを要求するは、何人も不当とは考へまい。朝鮮の当局者は、マサカ、其の取締を寛大にして仁政を誇らんとするのではあるまい。」（法学士、金俊淵「朝鮮モルヒネ問題」、『中央法律新報』、一巻九号、一九二一年［大正一〇年］六月、七～八頁）

著者の金俊淵のこと

金俊淵（キム・ジュニョン、一八九五～一九七二年）は、珍しく朝鮮人ながら、東京帝国大学法学部を卒業している。だから、この文章でも、「法学士」という肩書きを用いている。日本側は、植民地支配に役立てようと、ごく少数の朝鮮人の子弟が日本の大学に進学することを許した。当時、日本人でさえ、大学まで進むのは容易なことではなかったのだから、まして植民地の被支配民族である朝鮮人で、日本の大学に進学できたのは、さらに少数だったはずである。その中で、彼は東京帝国大学法学部に進学する。だから、彼はよっぽど学業優秀だったのであろう。

彼の簡単な伝記がある（『朝鮮民族運動史研究』、三号、一九八六年七月、「民族運動史上の人物［連載三］」、金俊淵については飛田雄一氏の執筆）。それによると、一九二〇年に東京帝国大学を卒業し、その後、一年間、同大学政治学研究室で助手を勤める。

一九二一～二四年、ドイツに留学。帰国後、朝鮮で新聞記者になる。一九二六年、朝鮮共産党に加わる。東亜日報の編集局長をしていた一九二八年、朝鮮共産党の件で、逮捕され、六年の刑を受ける。一九三四年に出獄、東亜日報の主筆になる。一九三六年、ベルリン・オリンピックのマラソンで優勝した孫基禎選手の写真の胸の日の丸をけずって発表したという「日章旗抹消事件」で辞職している。戦後は、韓国で有力な政治家になった人物である。

この簡単な伝記を参照すれば、彼が前掲の文章を書いたのは、東京帝国大学法学部を卒業し、同大学の政治学研究室で助手を勤めていた時期と推察される。また、以上のような経歴から、申し分のない日本語で書かれている。

金俊淵の批判は的確

朝鮮人の金俊淵が、本名をそのまま使い、朝鮮における日本の政策を批判している。そういった内容である以上、いわば「奴隷の言葉」を使って自分の思いを述べざるをえなかった。例えば、彼の文章の中に、「『ローマ法に依ってローマ法の上に』、『現代に依て現代の上に』と云ふ言葉を以て、朝鮮の当局者に逼るのは、或は無理であらう」という表現があるが、実をいうと、この一節で彼が何をいおうとしているのか、私にはわかりかねる。むしろ、こういった、わけのわからない、いい方を敢えてすることで、当局者を煙に巻くような意味合いがあったのではなかろうか。私としては、そのように理解したい。

しかし、それにしても、こういった文章がよく日の目を見たものだと、私は一方で感心してしまう。あるいは、これこそ、大正デモクラシーといわれた当時の時代状況のおかげかもしれない。もう少し、時期が遅くなれば、まちがいなく、こうした文章が掲載されることはありえなかった。その意味でも、まことに貴重な史料である。

金俊淵の批判の概要は、ほぼ、次のようにまとめられる。――阿片とモルヒネは基本的には同じ薬効を有する麻薬であるのに、日本側は、朝鮮で、全く対照的な扱いをしている。すなわち、阿片に対しては厳罰で臨んでいるのに、モルヒネのほうはほとんど野放しにしている。そのため、すでに一万人以上のモルヒネ中毒者が出ていると。

彼の批判は事実に則しており、事態は彼の主張の通りであった。それでは、どうして、日本側は、朝鮮で、こういった、一見、「変な、また、片手落ち」の政策をとったのであろうか。金俊淵の告発の文章を糸口にして、この問題を検討してゆくと、朝鮮における日本側の、まことに「ずるがしこく」、また、醜悪な政策が次第に浮かび上がってくる。

阿片は厳禁

前に、「猫と鰹節」と「豚と真珠」の二つのたとえを提示した。まず、「猫と鰹節」である。阿片吸煙の習慣を持つ中国人が「猫」で、阿片が「鰹節」になる。猫は鰹節に目がないから、当然、それを必死で取ろうとする。もし仮に、阿片吸煙の習慣を持つ中国人のいる所で、ケシを栽培した場合、猫（阿片吸煙の習慣を持つ中国人）から、鰹節（生産された阿片）を引き離しておくのに、多大な経費と人員（軍隊や警察）が必要になる。

これでは、利益を容易に出せそうになく、阿片政策をわざわざ行なう旨味はない。だから、阿片吸煙の習慣を持つ中国人のいる所、すなわち、台湾や関東州では、日本側はケシ栽培を厳しく禁じた。また、前述したように、満州国の場合は、領域の絶対的広さを上手に利用して、ごく一部の地方に限って、ケシ栽培をやらせることで、猫と鰹節の引き離しをはかった。

これに対し、伝統的に阿片吸煙の習慣を持たない日本内地や朝鮮でケシを栽培する場合は、「豚と真珠」になる。豚（日本や朝鮮の人々）は一般的には真珠（阿片）を求めない。そこで、日本側は安心して大規模にケシを栽培させた。

しかし、この場合も、「豚」が完全に真珠（阿片）に関心を示さなかったわけではなく、豚の中には、真珠に食らいつく者もいた。具体的に述べれば、人々の中に、比較的少数であるが、阿片を入手したい者がいた（彼ら自身が吸煙するためもあれば、また、第三者に転売して儲けようとする場合もあった）。彼らは、自国のケシ耕作農民が生産した阿片を直接、非合法に入手しようとした。

もし、こういった事態を許せば、当局が施行する阿片政策は根本から成り立たなくなる。そこで、ケシ耕作農民が阿片を密売することを、厳しく取り締まった。要するに、ケシ栽培を行なっていた所では、必然的に、阿片の密売は厳しく取り締まらざるをえなかったのである。だから、この点は、日本内地も朝鮮も全く同じであった。以上の説明から、まず、朝鮮で、阿片の密売が厳しく取り締まられた理由は明らかになったであろう。

モルヒネが野放しになった理由

次は、朝鮮で、モルヒネが野放しになった理由の考察である。前述したように、日本側は、伝統的に阿片吸煙の習慣がない朝鮮を原料阿片の生産地と位置づけ、大々的にケシを栽培させた。

その作付面積は内地の約二倍に及んだほどである。しかし、これだけでは、日本側はあきたらなかった。

植民地の朝鮮から、もっともっと収奪しようとした。そのために、知恵をしぼる。その結果、実に巧妙な政策を思いつく。同じ日本人として、私は、その政策の巧妙さ（見方を変えて見れば、ずるがしこさ）に驚嘆してしまう。

それが朝鮮の人々をモルヒネ中毒者にしたてあげることであった。朝鮮の人々は、まず、原料阿片を供給する生産者として位置づけられていた。しかし、これだけでは不足であった。さらに、原料阿片の生産者という性格に加え、モルヒネの消費者にしたててゆく。朝鮮の人々を多くモルヒネ中毒者にしたてあげることで、さらに彼らから莫大な利益を得ようとしたのである。

大正製薬株式会社の設立

この方針の下に、朝鮮総督府は、製薬用阿片の売下（うりさげ）制度なるものを作る。まず、総督府が特定の民間の製薬会社を指定する。その会社に、総督府が収納した阿片を独占的に買い上げさせ、それを原料としてモルヒネ類を製造させるというものである。指定された製薬会社は、独占的に原料阿片の売下を受けることができた。

一九一九年（大正八年）一一月、東京に本社を有する大正製薬株式会社が、この指定を受ける（所在地は東京市京橋区南伝馬町三丁目一番地）。同社は、京畿道高陽郡阿峴里《あけんり》（京城駅の西側。現在はソウルの市街地に入っている）に京城支店と工場を設置し、一九一九年（大正八年）以来、朝鮮総督府が収納した阿片の売下を受けて、モルヒネ類を製造し、かつ、それを販売した。

なお、現在も、同じ名前の大正製薬株式会社という会社があるが、後述するように、名前は同じでも、両者は関係ない。全く別の会社である。念のため、断っておく。

社員がモルヒネを密売

ところが、一九二五年（大正一四年）、同社の社員が、関東州（たぶん、大連であろう）で、粗製モルヒネの密売をして、逮捕される。その時、指定を取り消すべきかいなかが問題になったが、朝鮮の外部で発生した事件であるし、また会社自体の犯罪ではないということで、関係者を罷免するだけで、ことを済ませた。

その後、一九二六年から一九二七年にわたって、同社の社員が、再び、塩酸モルヒネその他の密売をして捕まってしまう。違反がたび重なったため、さすがに、そのままでは済ませられなくなる。この時、二つの選択肢が考えられた。一つは、不祥事を頻発させる大正製薬株式会社に対する指定は取り消すが、しかし、指定売下の制度は継続し、ほかの製薬会社に変更するというものである。もう一つは、指定売下の制度そのものを廃止し、朝鮮総督府の直轄事業に変更してしまうというものであった。

結局、後者の方針が選択される。こうして、一九二七年度（昭和二年度）一杯で、大正製薬株式会社に対する指定は取り消される。その後は、朝鮮総督府の直轄事業で、モルヒネ類の生産と販売が行なわれるようになった。

だから、指定売下の制度のもとで、大正製薬株式会社が朝鮮でモルヒネ類を製造したのは、一九一九年から一九二八年三月までの、ちょうど一〇年間であった。一九二八年三月、売下の指定を取り消された結果、同社はそのまま倒産してしまう。

大正製薬株式会社の悲境

大正製薬株式会社が三年間も連続してモルヒネの密輸を図ったり、また、売下の指定を取り消されると同時に倒産してしまった理由を、次の史料は、かなりな程度、説明してくれる。

「特定阿片払下と大正製薬の悲境　（中略）是《こ》の栽培地より収穫した生阿片から『モルヒネ』を製造し、支那及び南洋に輸出の目的を以って、特定製薬業の権利を得、大正六年、大正製薬株式会社が資本金五十万円で創立された。

而して、独占的に利益を得んと目論《もくろん》だが、後、平和になると同時に、今迄、不足したモルヒネ其他の麻酔薬が急激に欧州から東洋に輸入され、一時、一ポンド一千円以上に騰貴した価格は遽かに四百円となり二百円台までに下落するに至った。

当時、一、二年間は千数百貫の生産があったが、前記の如く罌粟栽培は農民の歓迎する所とならず、殊に今日に於て、僅かに二百貫内外の生産となったため、同会社は、毎年、損失を加へ、大正十年に至って、東洋化学株式会社を併合し、資本金百五十万円となして、総督府の方針が特定会社に有利に向ふべきことを待ったが、当局の方針は愈々厳重になり、而も何等《なんら》の特異的利益もなく、僅かに丁幾、舎利別を以て、餘時を塞ぎ、一方、モルヒネ製造の残滓からモヒ解毒剤としてアノラミン等を製造したが、其結果も遂に不成功に終った。

他方に於て、生産額のストック益々多きを加へ、最初の計画であった支那南洋輸出も輸入国官憲の許可ある場合は、総督府に於ても許可する方針であったが、支那、南洋に於ても、裏面は兎に角、表面の許可証は如何に官憲と雖も下付する訳に行かず、為めに大正製薬株式会社としては、手近く暗から暗に、販売するの外はない状態である。

之は私情としては同情に値するが、社会的見地から見れば已むをえない結果である。何時迄も独占的営利を夢みず、悪は到底、善の敵にあらざる事を悟り、過去に於ける法規上の罪過は別問題として、会社今後の方針を確立し、解毒剤の如きに力を注ぎ、禍を転じて福となさんことを会社主脳者に勧告して已《や》まない。」（菊地酉治「朝鮮に於ける阿片モヒ害毒問題」、『社会事業』、一二巻三号、一九二八年六月）

モルヒネの需要が大きく落ち込む

この史料から、大正製薬株式会社のようすがだいぶ、わかってくる。要するに、第一次世界大戦末期に、モルヒネの大きな需要を見込んで、この会社を準備する。実際、売下の指定を受ければ、朝鮮で生産される原料阿片を独占的に入手できるのだから、甚だ有利な商売だと思われた。

しかし、思いがけず、予想より早く戦争が終わってしまう。たしかに戦争のない時期に当たっていたから、以後、医療用（戦場で鎮痛剤・麻酔剤として使う）のモルヒネに対する需要は世界的に大きく落ち込む。また、麻薬としての需要も、相対的にまだ低かったのかもしれない。せっかく、大規模な設備を作ったのに、製造したモルヒネは思うほどに売れない。また、同会社が製造したモルヒネを、合法的に「支那、南洋に輸出」するなど、初めから、できるはずがなかった。

こうして、当初の思惑ははずれ、会社の経営は次第に左前になってゆく。背に腹は替えられず、同会社は、非合法にモルヒネを販売することをもくろむ。だから、密輸事件は、一部の社員ができ心から勝手にやったものでは決してなく、会社ぐるみの組織的な犯行であった。菊地酉治の文章からすると、大正製薬株式会社が、苦しまぎれにモルヒネを密輸していたことは、当時、外部にまで、ある程度、知られていたような印象である。結局、もともと同社の業績が不振だったところに、総督府の指定もはずされたので、これをよい機会に倒産してしまったと推察される。

同社が一九二八年に倒産した後、「大正製薬株式会社」という名前に商売上の価値を認め、別の会社が、機敏にも、ただちに、その名前をなのる。それが、現在まで続いている大正製薬株式会社である。だから、現在の会社は、大正製薬株式会社と名のるものとしては、二代目ということになる。また、現在の大正製薬株式会社は、モルヒネ類の生産に一貫してかかわっていないこともつけ加えておく。

以後、朝鮮総督府の直轄事業として、モルヒネ類の生産と販売を行なう方針が決められたが、しかし、実際には少し遅れる。一九二九年度（昭和四年度）に工場などの設備が完成し、一九三〇年度（昭和五年度）から、モルヒネ類を製造することができた。

以上をまとめると、朝鮮においては、一九一九年から一九二八年三月までは、民間の大正製薬株式会社が、そして、一九三〇年度以降は総督府の直轄工場が、それぞれ、朝鮮で生産される阿片を原料として、モルヒネ類を製造していたことになる。

朝鮮人をモルヒネ中毒にしたてる

以上のようにして、朝鮮で、モルヒネ類を製造する体制は整う。次は製造されたモルヒネ類の消費である。朝鮮で大量に製造されたモルヒネ類は、やはり朝鮮の中で売りさばかねばならなかった。当然のことながら、朝鮮の中で、モルヒネの消費者としては、朝鮮人が狙われた。植民地当局は、むしろ、朝鮮人が進んでモルヒネを摂取するように、意識的にしむけた。

金俊淵が指摘したように、法律上、モルヒネの摂取は野放しにされ、罪に問われなかったのも、その一つである。詳しいことは不明だが、朝鮮人がモルヒネに手を出しやすいように、法律上の措置だけでなく、警察の取締りその他も、いろいろ、配慮されたはずである。例えば、モルヒネを注射する注射器を薬局で簡単に入手できるとか、あるいは、モルヒネを人々に販売する末端の小売人の人数を、事実上、多く認めたり、また、彼らが自由に活動できるように、手ごころを加えるなどの措置がなされたと、私は推察する。

前述したように、モルヒネ中毒になれば、大体、数年で死んだ。労働力という観点から見れば、植民地の朝鮮人の多くがモルヒネ中毒で命を失うことはマイナスである。しかし、中毒になる過程で、彼らの財産を奪えるのは財政的にプラスとなった。両者を天秤にかけた結果、朝鮮では、後者のほうを取ったということであろう。こうして、朝鮮では、大量のモルヒネが人々の間に出まわってゆく。朝鮮の多くの人々をモルヒネ中毒にさせることで、彼らの生命と財産とを奪ったのである。

巧妙な仕組み

要するに、日本側は、朝鮮における阿片・モルヒネ政策において、二回にわたって、朝鮮人を利用する。すなわち、第一回はケシ栽培＝原料阿片の生産者として、第二回はモルヒネの消費者としてである。

この仕組みは極めて巧妙である。一回目は阿片、二回目はモルヒネと分けてあることが、ミソである。これが、二回とも、同じ阿片を使っていたのでは、これほど、うまくゆかなかったであろう。というのは、朝鮮の人々に阿片を生産させ、かつ、彼らを阿片の消費者にしたてあげたのでは、前述の「猫と鰹節」のたとえで説明したように、生産者が生産した阿片を消費者に非合法に売るのを阻止するのに、多大な経費と人員が必要となり、採算が合わなくなる恐れがあったからである。その点、生産＝阿片と、消費＝モルヒネと分けたことで、そういった恐れはなくなる。阿片の密売を厳禁することで、モルヒネ中毒者が非合法に阿片を入手することを巧妙に防いでいるからである。

日本の植民地当局は、朝鮮の農民にほぼ強制的にケシを栽培させる。彼らが生産した原料阿片がモルヒネに加工されることで、同じ朝鮮民族の同胞の生命と財産を奪うのに使われる。こうしたシステムを作りあげることで、日本側は、日本国内の資源を何も使うことなく、朝鮮から莫大な利益を得ることができた。なんと、巧妙な政策ではないか！

以上の考察で、金俊淵が告発していた、法律上、朝鮮でモルヒネが野放しにされていた理由が解明できたのではなかろうか。

麻薬に逃避する

こうして、苛酷な植民地支配に、日夜、苦しむ朝鮮の人々の中には、麻薬に逃避するものが出てくる。現実と闘うことを避けモルヒネに逃げこむ人々を、現時点から非難するのはたやすい。しかし、朝鮮の人々が、中毒の恐ろしさを、百も承知の上で、なおかつ、モルヒネに一時的に逃避せざるをえないほどに、朝鮮に対する日本の植民地支配は苛酷であったと私は理解する。前途にあらゆる希望を失なった朝鮮の人々は麻薬＝モルヒネを摂取することで、たとえ、つかの間であっても、現実の生活を忘れたかったのかもしれない。

なお、意識的にモルヒネ中毒者にしたてていったのは、朝鮮人に限られ、朝鮮に居住する日本人には、むしろ、モルヒネが渡ってゆかないように厳しく配慮された。それでも、なお一部の日本人はモルヒネ中毒者になっている。

モルヒネ中毒者の蔓延

以上のような経緯から、朝鮮において、モルヒネ中毒者が確実に増加してゆく。前述の金俊淵の文章では、一九二一年段階で、すでに一万人以上のモルヒネ中毒者がいると述べていた。その後、この数は急速に増えてゆく。次の史料は、モルヒネ中毒者の蔓延の状況の一端である。

「モヒ中毒患者の悲惨と其原因

一度、京城の鮮人町を歩くならば、働き盛りの年頃でありながら、ぼろぼろの着物をつけ、其れはまだ良いが、寒空に身体の大部分を剝き出した山男風体《ふうてい》、青ぶくれた面相、痩せ衰へた眼をキョロキョロさせた者、酔眼朦朧とした者、眼やにを一杯ためた者等が歩いてゐるのを見るであらう。

彼等こそ所謂モヒ患者の落ぶれであって、どう見ても此の世の者とは見受けられない。彼等は生活全部がモルヒネで、働いて得た額の八九分はモヒ代となるのである。

例へば、茲《ここ》に古靴一足を盗んで金一円に換へたとしたなら、彼等は九十銭まではモヒ代として、残りの十銭を飯代とするのである。食事は簡単な支那饅頭でも我慢できるが、モヒの方は一時間と我慢出来ない。

京城には其仲間で知られて居る公然の大販売者が約十軒あり、其他にも七、八軒の元売捌きがあって、それらより仕入れて小売する者は無数である。一包は五十銭で約一分匁、一円包は二分匁である。

彼等の兇頭は矢張り日本人であるが、其犯跡を瞞まさんがため、支那人から買ったと云はせて居る。仲介、又は少額の取引をする者は支那人に関係を持つが、実際のモヒ密売者は支那人には少ない。

彼等の仲間では、『貞洞に行く』と云ふ隠語が用ひられて居るが、其は注射屋へ行く事で、其原因は古くから貞洞が注射屋、又は支那人阿片密売者の根拠地であったからである。其注射屋が京城には何百箇所もあると云ふから驚くの外はない。或る町の如きは一町に三十箇所もあると云ふ事実がある。」（前掲、菊地酉治「朝鮮に於ける阿片モヒ害毒問題」、『社会事業』、一二巻三号、一九二八年六月）

西大門署管内の変死者

この史料が説くように、朝鮮人社会におけるモルヒネ中毒の広がりは深刻であった。また、朝鮮人にモルヒネを売っているのは日本人であった。こうして、多くの罪もない朝鮮人が、日本側の無慈悲な政策によって、モルヒネ中毒者にしたてあげられていった。

なお、ここで出てくる「注射屋」を説明する。阿片中毒者は「阿片窟」＝煙館《えんかん》に来て、阿片を吸煙した。これと同様に、モヒ中毒者は、この「注射屋」にやって来て、注射をしてもらった。だから、「注射屋」は、いわば「阿片窟」のモルヒネ版であった。

前述したように、モルヒネ中毒者は、一般に数年で死んだ。次は、そういう、気の毒な犠牲者についてである。

「西小門町《せいしょうもんちょう》一円の大モヒ患者窟を控へた西大門署《せいたいもんしょ》管内は変死者を出すことにおいては、府内でまづ筆頭の場所である。モヒ中毒による心臓麻痺《まひし》死、凍死、餓死、生活難による自殺等々、凡そ人間としての死に方で一番みじめな変死事故が相次いで発生してゐる。

殊に寒気、凛烈なる厳冬の頃、或は炎熱きびしい盛夏などには、これ等、悲惨なる死体が殆ど連日、甚だしきは一日、数件も発生する有様で、これを処分せねばならぬ当局では、ホトホトもて余してゐる状態である。

試みに、昭和二年度に発生した西大門署管内の変死者の統計を調べて見ると、自殺者二十二名、他殺者四名、凍死、餓死、モヒ中毒その他天災による死亡者七十三名で、この総計、実に九十九名の多きに及んでゐる。」（『京城日報』、一九二八年二月三日）

京城（現、ソウル）の西大門署という警察署の一管内だけでも、これだけの変死者がいた。彼らの多くは、モルヒネ中毒者のなれの果てであった。ここから推量すれば、当時、朝鮮全土における モルヒネ中毒者は恐るべき数にのぼったことであろう。

モルヒネ密輸団事件

また、当時の朝鮮におけるモルヒネの蔓延状況を、あるモルヒネ密輸団事件から、明らかにしたい。史料はすべて『京城日報』による。一九二七年（昭和二年）一二月、警察官もまじる二〇数名の大規模なモヒ密売団が京城で摘発される。彼らは、大阪方面から、モルヒネをセメント樽に詰めて密輸した。京城市内の本町《ほんまち》五丁目に、モルヒネ製造工場を設け、ここで、六ポンドと一

○ポンドの瓶に詰めかえ、朝鮮や満州方面に販路を求めたものであった。

この事件では、龍山署の高等主任警部補・布川秀三（四六）と、京畿道刑事課勤務の篠原芳平巡査（三六）が逮捕される。彼らは密売団を探知し、彼らからモルヒネを押収するが、彼らの密売方法が頗る巧妙であって、ボロいもうけのあることを知り、その不正に目がくらんで、深入りしてしまう。

さらに、この時、大正製薬株式会社の支配人、堀内卓三も召喚され訊問を受ける。同人は、一九二七年、同様の事件で、二ヵ月の禁固、二ヵ年の執行猶予を言い渡されていたので、ただちに収容される。取り調べの結果、この事件では、つごう一一名が起訴される。しかし、大正製薬の堀内卓三は、今回の事件には、なんら、違法行為がなかったことが判明したとして、不起訴と決定し、釈放された。

量刑の軽さに驚く

一九二八年五月四日に、京城地方法院で、この事件に対する判決が出る。主犯格の加藤三郎が最も重くて禁固三ヵ月、元警部補の布川秀三が禁固一ヵ月、元巡査の篠原芳平が禁固二ヵ月である。この量刑の軽さに私は驚いてしまう。大阪方面から、モルヒネをセメント樽に詰めて密輸入したとか、あるいは、小瓶に詰め替えるために、専用の工場を建てたというぐらいだから、彼らが密輸したモルヒネの量は極めて多かった。これだけ、大規模なモルヒネ密輸事件にもかかわらず、主犯格でさえ、せいぜい禁固三ヵ月にすぎない。

また、本来、密輸を取締るべき警察官が、逆に密輸団に取り込まれ、彼らの便宜をはかったのであるから、彼らに対しては、もっと厳しく当たるべきである。ところが、彼らもまた、せいぜい禁固一、二ヵ月程度の量刑にすぎない。とくに警部補といえば、警察の幹部である。その布川秀三に対してさえ、禁固一ヵ月ではあまりに軽いのではなかろうか。

全体的に、現在の日本の感覚にあてはめると信じられないほど軽い量刑である。これでは、モルヒネの密輸をはかろうとする者に対し、およそ、しめしがつくはずがなかった。すなわち、モルヒネの密輸から得られる利益は莫大であった。もし万一、失敗し、警察に捕まっても、処罰がこの程度であるならば、なにも恐れることはなかった。彼らが、当局側の取締を見くびり、たとえ失敗して捕まっても、たいして処罰されないと理解し、こりもせず、何度もモルヒネの密輸をはかったのは、むしろ、当然である。

また、この事件に関連して、大正製薬株式会社の支配人、堀内卓三の名前が出てくる。彼は、今回の事件には無関係として釈放されるが、しかし、一九二七年に起こった同様の事件では、二ヵ月の禁固、二ヵ年の執行猶予を言い渡されている。支配人といえば、会社（京城支店）のトップである。

前述した大正製薬株式会社の社員によるモルヒネ密売事件なるものも、下っぱの社員が個人的なできごころから行なったものでは決してなく、実はトップ・クラスの社員がかかわっていたことが判明する。そのことは、事件が会社ぐるみの組織的犯行であったという可能性を一層、高めるものである。

職業的なモルヒネ密輸業者

また、一九二八年三月二〇日の『京城日報』は、もう一つ、別のモヒ密輸事件を紹介している。すなわち、京城市内、旭町に住む近兼左久馬《ちかかねさくま》（三五）という男が警察に逮捕される。彼は、一定の職業がなく、常に関西方面のモヒ密売常習者と結託して、モルヒネを密輸していた。今回、彼が朝鮮に密輸入した額は約一万円と称され、京都疏水付近の山の中で受け渡しが行なわれた模様という。

このように、この段階で、すでに「職業的な」モルヒネ密輸業者が朝鮮にいたのである。彼が、今回、扱ったモルヒネの取引高は当時の金で一万円にのぼるという。現在の価格に換算すれば、およそ、一億円前後になろう。当時の朝鮮では、これだけ、多額のモルヒネが比較的容易に密輸されていたのである。

朝鮮におけるモルヒネ中毒者の統計

朝鮮におけるモルヒネ中毒者の人数については、日本側（内務省衛生局の伊原安固）があげる統計がある。しかし、前述の金俊淵は、一九二一年で、すでに一万人以上いたと指摘していた。それと比べると、あまりにも少ない。内務省衛生局の伊原安固があげる統計は、全く根拠のない、絵空事である。むしろ、世をたばかる恥知らずな数字だというべきである。実際、その他の資料から検討すれば、こんな小さな数のわけがなかった。

朝鮮におけるモルヒネ中毒者があまりに多いと、日本は国際世論の非難を当然、浴びなければならなかった。そのため、日本側としては、なるべく、少なめに報告しようとした。そういった動機が働くので、この数字は信用できない。実情と、大きくかけ離れた数字である。しかし、それでも、当局側が公表した統計なので、参考資料として、一応、提示しておく【表20参照】。

「七万幾千人」ぐらいか？

この問題で、別の史料は次のようにいう。

「朝鮮某道に於ける官憲の調査に於ては、モヒ、阿片中毒者の登録数は僅かに一人なりしが、最近、検挙せられたる阿片の量は、一回七、八十磅、何千人の吸煙量を示してゐる。又、中毒者絶無と云ふ某道地方に於て、一軒の薬種商でモヒ注射用の注射針が毎月数千本、売行く等、矛盾と云ふも馬鹿げた事実があるのである。（中略）

　朝鮮に於ける当局の発表せる処に依れば、一昨年末、朝鮮内地に於ける中毒人数は三千八百人と数へられてゐるが、其の実際数は約二十倍、七万幾千人位なり

表20　朝鮮におけるモルヒネ中毒者の人数

1922年（大正11年）末	1570人
1923年（大正12年）	1700
1924年（大正13年）	2700
1925年（大正14年）	−
1926年（昭和元年）	3000
1927年（昭和２年）	−
1928年（昭和３年）	−
1929年（昭和４年）	3515
1930年（昭和５年）	3278
1931年（昭和６年）	3778
1932年（昭和７年）	4044

内務省衛生局・伊原安固著『外地に於ける阿片及麻薬の概況』、薬業時報社出版部、1935年、全45頁のパンフレット。37頁。

と言明して居る位である。」（菊地酉治「支那に対する阿片の害毒防止運動」、『同仁』、二巻五号、一九二八年五月）

菊地酉治は、官憲が公表する数字は、およそ信用できないと述べている。例えば、某道（道は朝鮮の一番大きな地方行政単位で、日本の府県に当たる）は、公にはモルヒネ中毒者は一人もいないとされているのに、実際には、一軒の薬種商だけで、モヒ注射用の注射針が毎月、数千本も売れているという指摘は、官憲が公表する数字の根拠のなさを、あます所なく、暴露している。そして、一昨年末（一九二六年末）の、実際のモルヒネ中毒者は「七万幾千人」程度としている。

七〇万人という可能性もある

このように、菊地酉治は、朝鮮全体のモルヒネ中毒者の人数として、「七万幾千人」という数字をあげているが、しかし、私は、もっと多かったのではないかと疑っている。後述するように、一九二七年、東京に来ていた朝鮮人四万人のうち、モルヒネ中毒者が三〇〇〇人もいたという調査がある。内地の朝鮮人社会に、モルヒネ中毒がこの程度に深刻に広がっていた。朝鮮本国では、さすがに、ここまで深刻ではなかったとしても、それでも、社会の奥深くにまで、影響が及んでいたはずである。とするならば、全体で、七万人程度は、明らかに少なすぎる。実際には、その一〇倍の七〇万人程度にのぼっていたのではないかとさえ私は推察する。

人によっては、七〇万人は、いくらなんでも、多すぎるのではないかと疑問を呈するかもしれない。しかし、日本の、その他の朝鮮に対する植民地支配の状況（例えば従軍慰安婦問題）から類推すれば、これは決して無茶な数字ではない。こういった問題では、日本は、恥知らずなことを、ここまで徹底的にやるものだという認識を、私は持っているからである。それにしても、この問題に関する、きちんとした調査報告がないのは残念である。きちんとした調査を意識的にさぼっていた責任は、当然、日本の当局者にある。要するに、故意に調査しなかったのである。

多くの朝鮮人が日本内地に移住

苛酷な植民地支配を受ける中で、多くの朝鮮人は、暮らしが立たなくなり、やむなく、故国を捨てる。彼らの一部は満州などにゆくが、しかし、大部分は海を越えて日本にやってきた。この時、日本に移住してきた朝鮮人の数は数百万人にものぼった。

前述したように、故国の朝鮮で、朝鮮人のかなりの者がすでにモルヒネ中毒になっていた。朝鮮人は、それこそ一〇〇万人単位で日本へ移住してきた。人数があまりに多かったから、日本側がモルヒネ中毒者をチェックし、彼らの移住を禁止しようとしても、実際には無理だった。そのため、モルヒネ中毒者も、そのまま日本に移住してきてしまう。こうして、日本にやってきた朝鮮人の中には、かなりな比率で、モルヒネ中毒者が混じっていた。

朝鮮人のモルヒネ中毒者が大挙してやってきたことで、日本内地でも、確固としたモルヒネの需要が見込めることになった。商売になるというわけで、それを目当てに、モルヒネが持ち込まれる。そのため、朝鮮ほどではないとしても、当時、日本内地でも、比較的簡単にモルヒネを入手できるようになった。

内地でもモルヒネ中毒が広がってゆく

こうして、移住してきた朝鮮人の増加に比例して、日本国内でも、モルヒネ中毒者やその予備軍をなす朝鮮人が増えてゆく。さらに、朝鮮人と日本人は雑居していたから、日本人の間にも、次第にモルヒネ中毒が広がってゆくのは、いわば自然の勢いであった。次の史料は、モルヒネ中毒者の具体的な数を述べている。

「麻薬中毒者（その大部分は朝鮮労働者）の日本内地に於ける現在実数に就ては適確なる統計を欠くとは云へ、昭和七年、斯界《しかい》権威者等の調査に依れば、東京市内在住朝鮮人四万人中、実に三千人の多きを算するのである。」（『昭和九年度麻薬中毒者救護会年報』、一九三五年、一頁）

このように、一九三二年（昭和七年）、東京に朝鮮人が四万人いたが、そのうち、三〇〇〇人はモルヒネ中毒者であったという。かなりの比率である。

また、もう一つは大阪での調査結果である。

「昭和四年十一月四日、五日、六日、九日の四日間に亘って大阪市で調査したが、その概数を云ふと、

（一）救済を一日も忽《おろそか》にすることを得ないと思はれるもの、即ち、窃盗、カッ払ひ等、浮浪の徒に属するもの。二百名乃至三百名。
（二）今はさうではないが、救済せず現状の儘《まま》で放任する時は、忽《たちま》ち第一項に陥る虞《おそ》れあるもの。約千名。
（三）現在、労働に従事しつつあるもので、一日に数回、注射して居るが、漸次《ぜんじ》、重症になり、遂に（二）（一）に変化せんとするもの。約二千五百名。
と云ふことになる。」（兵庫県社会課『モヒ（類似アルカロイド）コカインの害毒とその対策』、一九三二年一〇月発行のパンフレット、七頁。）

一九二九年（昭和四年）で、各段階のモルヒネ中毒者が大阪市全体で、ざっと四〇〇〇名近くいたことを伝えている。この場合、中毒者はとくに断っていないが、基本的には朝鮮人であったと推察される。

朝鮮人モルヒネ中毒者に対する救護

菊地酉治は、日本国内に限らず、もっと広い範囲で、中毒の状況を述べている【表21参照】。この統計は広い範囲に及んでいるので、全体的な趨勢を把握するには、たしかに役立つ。しかし、必ずしも正確なものではない。例えば、彼は、日本内地の朝鮮人のモヒ中毒者を「約一千数百人」としている。これは、明らかに少なすぎる。ここから判断して、彼があげている数字自体は、そ

表21　菊地酉治のあげる中毒者数

台湾人（阿片中毒者・モヒ中毒者）	約十万乃至十五万人
朝鮮人（モヒ中毒者。阿片患者極く少数）	約七万乃至十万人
内地居住鮮人（モヒ中毒者）	約一千数百人
内地日本人（モヒ、コカイン中毒者）	約二万五千人乃至三万人
満州及び露領居留日本人（阿片中毒者・モヒ中毒者）	約六千乃至八千人

前掲、菊地酉治「支那に対する阿片の害毒防止運動」、『同仁』、２巻５号、1928年５月。

れほど根拠のあるものとは思われない。

日本に移住してきた朝鮮人は、仕事の関係から、農村部に行くことは少なく、ほとんど大都市に集中していた。そこで、とくに大都市では、朝鮮人のモルヒネ中毒者（中には、少数の日本人の中毒者もいたが）が、次第に目立つようになる。

こういった状況は、実は朝鮮では、ずっと以前から現われていたものである。朝鮮本国で、朝鮮人が、いくら多くモルヒネ中毒者になろうが、日本側は非情にも放置した。しかし、日本内地で、同様の事態が広がるのは、さすがに放置できなかった。まず、日本国民の間にモルヒネ中毒が蔓延してゆくことを心配しなければならなかったし、また、モルヒネ中毒者の蔓延は、結果的に治安を乱すことに繋がっていったからである。そこで、行政側（とくに警察）は、いわば社会政策的な観点から、朝鮮人モルヒネ中毒者の「救済」に乗り出す。

次は、大阪府や兵庫県が府県単位で、朝鮮人のモルヒネ中毒者を救護施設に収容し、治療をほどこした例である。

「昭和四年七月から六年九月迄、大阪の今宮警察署では、モヒ中毒浮浪者を中毒性精神病者として精神病者看護法に依って区役所に引渡し、区役所はこれを病院に収容することにした。その間の収容者は四百三十名程、此の外に別に慈恵病院に収容したものが百名餘りあった。」（前掲、兵庫県社会課『モヒ（類似アルカロイド）コカインの害毒とその対策』、四三頁）

このように、大阪の今宮警察署は、一九二九年七月から一九三一年九月にかけて、合計、およそ五三〇名のモルヒネ中毒者を救護施設に収容している。

神戸市三宮警察署の救護活動

また、神戸市三宮警察署は、朝鮮人のモルヒネ中毒者を強制収容し治療を試みた。第一回が一九三一年（昭和六年）一一月二日で、一二名、第二回が同年一二月一七日で、一六名を収容する。総計二八名（男二三名、女五名）に対する治療の具体的状況が報告されている（前掲、兵庫県社会課『モヒ（類似アルカロイド）コカインの害毒とその対策』、四四頁）。

収容した中毒者に与えるモルヒネの量を次第に減らしてゆく方法で治療している。一一日間で、完全にモルヒネをやめさせている。そして、第一回は一四日間、第二回は二四日間、収容したのち、彼らに対し、旅費を支給するから、朝鮮に戻るように勧めた。しかし、総計二八名中、二名が帰国を承知しただけであって、残りの者は帰国を望まなかったので、一人、一円五〇銭ずつ支給して、解放したという。

朝鮮人の立場からいえば、本当は全員、なつかしい故国に帰国したいに決まっていた。しかし、実際問題として、帰国しても、彼らには暮らしを立てるあてがなかったので、やむなく、残留を希望したのである。また、解放に当たって、各自、一円五〇銭ずつ支給される。しかし、この程度の金額では、たぶん、一週間も持たなかったはずである。その意味で、彼らの前途はまことに暗く、展望は開けていなかった。

神戸市三宮警察署が、今回、行なった「救護」活動は、わずか二八名を対象とした、ごく小規模なものであった。この時期になると、地方の警察でさえ、社会政策的な見地から、なにかしないといけないと意識させるほどに、朝鮮人のモルヒネ中毒者が、日本内地（とくに大都市）で、次第に目立つようになる。こうした背景があって、前述の三宮警察署の「救護」活動があったと考えられる。

第七章　生江孝之と麻薬中毒者救護会

阿片問題の数少ない専門家

菊地酉治《ゆうじ》は、阿片問題の数少ない専門家である。この問題に関して、国際聯盟協会が刊行した本（菊地酉治等『阿片問題の研究』、国際聯盟協会、一九二八年九月）に、彼の論文が二本、収録され、かつ、共著者の四人の中で筆頭になっている。このことは、この問題において、彼が果たしている役割を端的に示している。

彼は、青年時代から約二〇年間、中国で売薬業に従事する。この時、彼自身が阿片中毒になってしまう。しかし、キリスト教の信仰により救われる。その後、一転して、救済する側に回ったという珍しい経歴の持ち主である。

彼は、自分の得がたい経験を基礎に、阿片問題で、一九二八年から、一九三一年にかけての四年間に、矢継ぎ早に一一篇の論文等を世に表す。しかし、その後、また、忽然といなくなってしまう。まことに彗星のように現われ、また、いなくなってしまった不思議な人物である。菊地酉治に関する先行研究は全くない。

私は、彼が書いた論文を、これまで一一篇、探しだすことができた。それをまとめたのが【表22】である。出身地および生没年も含め、彼の詳しい履歴は一切、わからない。ただ、論文の(2)の前書きは、彼を、「日本基督《キリスト》教白金教会長老」と紹介している。そこで、当教会に照会してみたところ、残念ながら、何の手がかりも残っていないという返事であった。彼の遺族、あるいは彼のことを知っている方を教えていただければ、幸いである。

表22　菊地酉治の論文のリスト

1．	対支文化事業と阿片問題	
	「国際知識」、8巻4号、1928年4月	62－66頁
2．	支那に対する阿片の害毒防止運動	
	「同仁」、2巻5号、1928年5月	7－12頁
3．	朝鮮に於ける阿片モヒ害毒問題	
	「社会事業」、12巻3号、1928年6月	76－84頁
4．	阿片害毒運動に関する意見　【2】に同じ	
	菊地酉治等『阿片問題の研究』、国際聯盟協会、1928年9月	1－10頁
5．	支那に於ける阿片の害毒	
	同上	11－24頁
6．	阿片魔に引かるる日本婦人	
	「廓清」、18巻11号、1928年11月	27－31頁
7．	阿片及モヒ中毒治療に関して医学者並に社会事業家に訴ふ	
	「東京府社会事業協会報」、13巻2号、1929年2月	39－51頁
8．	支那阿片問題の一考察　（上）（下）	
	（上）「支那」、20巻10号、1929年10月	150－165頁
	（下）「支那」、20巻12号、1929年12月	37－62頁
9．	モヒ中毒患者救済の急務	
	「社会福祉」、15巻4号、1931年4月	2－6頁
10．	モヒ患者の救済、果して有望か	
	「済生」、8巻8号、1931年8月	10－16頁
11．	人造阿片の完成に就いて	
	「社会事業」、15巻6号、1931年9月	69－76頁

※なお、論文（2）と（4）の内容は全く同じである。論文（2）の題目だけ変更して、単行本に収録したものである。

菊地酉治の前半生

また、【表22】の（7）の論文の中で、彼が阿片問題にかかわるようになった経緯を、彼自身が述べているので、それから紹介する。

私は十三歳の時、郷里を離れて薬種商に奉公しながら、薬剤師志望の故を以て、わずかに夜学に通いたるほか、全く学問の教養のないものである。それは、明治三十七八年戦役（日露戦争）の後である。当時における日本は、世界の強国たるロシアを破り、欧州文化を消化して洋々たる東亜の戦勝国たるを自他ともに許したる勢いであった。

そこで、俄《にわか》に対支貿易の勃興を見、同時に日本人の多くが揚子江方面を目当てに一攫千金を夢見て渡航したのである。私もまた、その一人であり、二十一歳の時であった。しかるに、いかに戦勝国の人間であり、大志を抱ける青年とはいえ、なんらの素養もない言語不通の不案内者に、千金はおろか一円の金も待っていなかった。

さりとはいえ、国を離れるときの大言壮語の手前もあり、望みに生きる若き心は、いかにしても、初志を貫徹せんと、事情も言葉も解らない支那内地の奥深く、単身旅行を始めたのであった。今にして思えば、若き時であるとはいえ、随分、無謀なことをやったものだと戦慄さえ感じるほどである。

しかも、この旅行の目的は、その当時、よくあったものであるが、何にも解らない行商人が、仁丹や歯磨を薬として、医者をまねて、大金をせしめて歩くのである。自分は薬のほうは知っているから、臨床医典と薬物学および薬品五六十種を携帯して、立派な医者として旅立ったのであった。

始めの内は、聴診器を持っても、なんとなく、慄《ふる》えてしかたがなかったが、後にはすっかり得意になって、手当たり次第、投薬して、難病奇症を引き受けて、湖北湖南地方を旅行し、甚だしきは結核、難産はまだしも、盲目者まで遠慮なく診察したものである。ちょうど、当時の日本で流行していた、大道芸の松井源水の軍中膏蝦蟇《ぐんちゅうこうがま》の油売りという式で、各地方で非常にもて囃《はや》されたのである。

その内に自然と色々なことが解ってくるし、幾千の患者に接しながら、天恵によるか、あるいは幸運であったのか、患者が目の当たりに斃《へい》死《し》したこともなく、とにかく、かなりの成績を挙げ得たのである。その期間は約二ケ年ばかりであって、その後、漢口の上流の都市で、売薬商、兼、診察所、東京の某薬舗《やくほ》の支店という看板を出して、開店したのであったが、前記のごとく、図々しいのと、日本人であるというので、非常に繁盛したのである。

四つの中毒患者となってしまう

しかし、悲しむべきことに、信仰も教養もない自分は、鳥なき里の蝙蝠《こうもり》で、自分が偉くなりすまし、金と時間に餘裕ができるとともに、お定まりの酒色に耽溺して行ってしまったのである。

その為に、随分、収入もあったが、ほとんど享楽費となり、元来、商才もあって、人の幾倍も利得するほどに敏《さと》くあったが、遊里に繁く通ううちに、少しずつ阿片の味を覚え、いつのまにか、薬店のほうは利益の多いモルヒネ密輸方法を覚え込み、儲けることなら、手段を選ばざる方針と、日本人たるが故に受ける種々の特権を利用しては、暴利を貪りつつ、あらゆる巧妙手段で利益を得たのである。

しかし、それとともに精神的に苦悶を増加してゆき、遊べば遊ぶほど、不眠症に陥り、しまいにはクロールホルムにて麻酔させ、または極く強い支那酒を煽っているばかりか、自暴自棄になり、段々に重くなって、遂には怖るべき阿片・クロールホルム・酒・煙草の四つの中毒患者となってしまったのである。

甚だしい時は阿片を三四匁ぐらい、吸ったこともあり、このような状態では生活は、いよいよ、すさんでゆくばかりで、遂には物質的にも破綻してしまったのである。始めて眼がさめて見れば、何も為すことのできない中毒患者の自分と、明日より路頭に迷う妻子である。このような状態にある自分に、これは何といっていいのか、表現する言葉を知らないが、奇蹟といえば、これ以上の奇蹟はないだろう。いろいろの事情と動機は、この自分をしてキリスト教に導き、赦《ゆる》しと恩恵の光を与えられたのである。これはあまりにも奇しきことであって、到底、人間の頭をもって、考えることのできないことである。

これを思うと、今もなお、ただ、感謝の涙に満つるのみである。後で述べるが、中毒治療に際して、宗教の協力の必要を主張する私の論議の根拠は、実にここにあるのである。（中略）

阿片吸煙者の救済を志す

その後、家事の都合で、日本に帰り、東京に住むようになって、支那人労働者に奉仕しておったが、彼らを見ると、在京支那人の中にも、阿片吸煙者が多くいることを見出す。彼らの極く貧弱な生活の内にも、なお、阿片が求められているのを見て、自分の過去の経験が身に迫り来り、私の使命は身命を棄てて、この害毒と戦うにあるのを確信したのである。

そこで、自分の経験より、不治の病の如く思われている、この中毒者も救い得ることを信じ、有志者に相談したところ、大いに理解ある励ましを与えられた。そこで、ジュネーブ阿片会議に先立つこと、一年、大正十二年（一九二三年）三月より、阿片問題研究に没頭したのである。

さりとはいえ、教養も組織的な頭脳もない自分が、一方で家庭の貧困と戦いつつ、ただ、いかにもして、具体的なものにしたいと思って来たのである。これまで、見るべきものがなかったのは、恥入る次第である。しかし、なお、その内にも、ひたすら、カミよりの守護と、数人の理解と同情ある先輩に励まされ、今日に至ったことは感謝に堪えない。（菊地酉治「阿片及モヒ中毒治療に関して医学者並に社会事業家に訴ふ」、『東京府社会事業協会報』、一三巻二号、一九二九年二月、による。）

中国で売薬の行商に従事

彼は、若い時に、中国で売薬の行商に従事する。彼の文章にある通り、日露戦争の時期ぐらいから、日本人の零細な行商人が多く中国各地に入りこみ、薬を売り歩いた。日本の薬はよく効いたので、中国人から歓迎された。また、資本がほとんどなくても、この商売を始められた。というのは、問屋があらかじめ商品を信用で卸してくれ、代金は行商したあとに払えばよいというシステムになっていたからである。

このため、中国に出かけ、一旗、揚げたいと考える青年の多くは、売薬の行商人になり、中国の奥地を歩きまわった。菊地酉治も、その一人だったわけである。彼は、たまたま揚子江方面に向かったが、全体的には満州に出かけたほうが多かった。

当時の中国の習慣では、医者と薬屋は兼業していた。そこで、売薬の行商人が、医者の訓練を何ひとつ受けたことがないのに、無資格で患者の診察に当たり、かつ、持参の薬を与えた。

当時の中国の医療水準（とりわけ、庶民の間での）は、ほとんどゼロに近く、およそ医療という名前に相当するようなものは存在しなかった。だから、こういうデタラメな治療も、まだ、それなりに受け入れられる条件があった。偽医者の無資格診療でさえ、近代的な医療から、とり残された、当時の中国の奥地の人々には十分、歓迎され、感謝されたのである。

モルヒネの密売に手を出す

菊地酉治も、この商売で、みごとに成功した一人であった。彼の文章は、当時の売薬の行商のようすを生き生きと伝えてくれる。本当は、この段階で、やめておけばよかったのであるが、ものごとは、なかなか、そのようにはゆかない。いったん、金が入ると、もっと多く稼ぎたくなる。

しかし、普通の商売だけでは、それは難しい。結局、菊地酉治も含め、日本人の売薬商は、もう一歩、進め、禁制品のモルヒネの密売に手を出してゆく。

当時、日本人の売薬商人がモルヒネを密売するのに、ちょうど、よい条件に恵まれていた。すなわち、清末の禁煙政策の進行の中で、阿片に対する取締が厳重になり、その結果、容易に阿片が入手できなくなる。それまで、阿片を吸煙していた中毒者が、やむなく阿片の代替物としてモルヒネを求めるようになる。また、禁制品のモルヒネの密売は厳しく禁止されており、もし、中国人が摘発されれば、厳罰が免れなかった。ところが、日本人ならば、事実上の治外法権の特権を享受できたので、中国側の官憲は容易に手だしができなかった。

このような、有利な立場を利用して、日本人の売薬商人は往々にしてモルヒネの密売に手を出してゆく。彼らは、普通の薬に加えて、禁制品のモルヒネも合わせて販売するようになる。後者のほうが、当然、ケタ違いに利益が多かったが、他方、当然のことながら、良識ある中国人の顰《ひん》蹙《しゅく》もかった。

信仰によって、中毒から離脱する

菊地酉治の手記によれば、彼は、中国で、「阿片・クロ―ホルム・酒・煙草の四つの中毒患者と成って了った」という。しかし、モルヒネは、四つの中に入っていない。「利益の多いモルヒネ密輸方法を覚へ込み」とあるから、モルヒネの密売にはたしかに従事している。しかし、彼自身はモルヒネ中毒から免れている。薬の専門家であるから、仕事がら、モルヒネ中毒の恐ろしさはよく承知していた。そのため、中毒の程度が低い阿片には手を出しても、危険なモルヒネのほうは慎重に避けたのであろう。

彼は、キリスト教の信仰によって、自力でこれらの四つの中毒から離脱することに成功する。このこと自体、たいしたものである。しかし、もし仮に、彼がモルヒネ中毒にまでなっていれば、いくら、キリスト教の信仰の力が働いても、そこから離脱することは、ほとんど不可能だったと私は考える。それぐらい、モルヒネ中毒は恐ろしいものであった。要するに、中毒の程度が比較的軽い阿片だったからこそ、彼は、みごとに中毒から自力で離脱できたのである。

菊地酉治は、一九二三年三月から、「阿片問題研究に没頭した」という。この問題に関する、彼の論文が出るのは、前述のように、一九二八年からである。ということは、それまでの約五年間が準備の期間であって、その間、蓄積した研究成果をもとに、一九二八年から旺盛な執筆活動に入ったことになる。

生江孝之＝社会事業の父

生江孝之（なまえ・たかゆき　一八六七～一九五七年）は、今日、「社会事業の父」と呼ばれる。彼は、若い時、プロテスタントの信仰を得て、牧師になる。その後、もう一度、大学に戻り、学びなおす。三四歳の時、アメリカに留学し、社会事業を専門に学ぶ。当時、まだ、社会事業について専門に学ぶ者はごく少なかった。だから、彼はこの方面のいわば開拓者であった。

帰国後、進んだアメリカの社会事業を専門に学んだ貴重な人材ということで、内務省に招かれ、その嘱託になった。また、同時に、日本女子大学の教員にもなり、ここで、長く教鞭をとった。彼は、最も早い時期、社会事業を専門に学んだ。その経験を、内務省や大学の教育の場で、実際に生かすことができた。また、彼は甚だ長寿であって、九一歳まで生きた。だから、近代日本の社会福祉事業の展開過程を、直接の当事者として、目のあたりに見ることができた。彼が、日本の「社会事業の父」といわれるゆえんである。

彼は、終生、敬虔なプロテスタントの信者であった。従って、彼の仕事のバック・ボーンには常にプロテスタントの信仰が存在した。それが彼の生き方の特徴になっている。

菊地酉治との出会い

菊地酉治は、自分の経歴と、麻薬中毒者の救護について、一九二八年（昭和三年）頃、日本基《キリ》督《スト》教連盟の集会で話す。同じプロテスタントということで、生江孝之も、この集会に参加しており、菊地酉治の話を聞くことができた。彼の話は、極めて感動的だったようで、聴衆に多大の感銘を与えた。

阿片中毒はなかなか自分の力で治すことは難しい。それを、菊地酉治はキリスト教の信仰で、自力で立ち直ったというのであるから、たしかに得がたい経験であった。菊地酉治の話を聞いた生江孝之は感激する。そして、ただちに、助力を申し出る。以来、彼は、菊地酉治を助けて、麻薬中毒者の救護活動に着手してゆく。その時のようすを、生江孝之は、後年、次のように記している。

「しかるに、昭和三年頃、私の親友の一人である菊地酉治氏が日本基督教連盟の集会に於て、自己の経験を通しての極めて感激的な講話を行った。それは支那に於ける阿片及び麻薬中毒者の問題だったのである。

菊地氏は、曾って長く売薬商人として支那を旅行し、一時は麻薬をも販売していた関係上、比較的多額の富を克ち得たのであったが、不幸にして彼も亦、麻薬中毒者となった。その為、売薬商も出来なくなり、且つ相当多額の貯蓄も全部、喪失して、一家、極めて窮乏のどん底におち入った。

その時、支那大陸の日本人から基督《キリスト》教の教えを聞いて、之を信仰するに至り、その結果、断然、麻薬中毒状態から離脱せんと努力したのである。麻薬中毒患者が自己の力に依って中毒から解毒する事は難事中の難事であって、世に於て殆んど不可能と云われて居る。しかし、彼は基督教徒となり、その信念を通して、その中毒状態から健康を回復した。

そして、ついに昭和の初頭、帰朝し、その後、支那に在留する日本人と手紙その他の方法で相はかり、支那人の中毒者の予防と治療に当るべく、決心した。」(生江孝之先生口述『わが九十年の生涯』、生江孝之先生自叙伝刊行委員会、一九五八年、一五一頁)

二人で中国へ旅行

それにしても、生江孝之が、菊地酉治の話を聞いて感激し、助力を申し入れたのは、六二歳の時である。当時、六二歳といえば、相当の老年であって、全く新しい仕事に手を染めるような年令とは、もはや、思われていなかった。そういうことを敢えてすれば、それこそ、「年寄の冷や水」とひやかされるのが落ちであった。このことは、平均寿命が延びた現在でも、おそらく、ほとんど同様ではあるまいか。

それなのに、生江孝之は、菊地酉治の話を、あたかも青年のようにみずみずしい気持ちで聞き、また、感激している。ここの所に、生江孝之のすばらしい人となりを私は感じる。実年令は六二歳になっても、精神的な年令はずっと若く、彼は、青年のように感激でき、また、新しい事業に挺身できるような心の若さを、なお、持ち合わせていたのである。

菊地酉治の話を聞いた翌年（一九二九年）、生江孝之は、「支那に於ける阿片及び麻薬中毒者の状況と、又、かねて希望して居った支那の社会事業とを調査のため」（前掲、『わが九十年の生涯』、一五三頁）、菊地酉治と一緒に中国に赴く。旅行費用は幸い、外務省文化部が出してくれた。生江孝之が、内務省に勤め、かつ、すでに社会事業の分野でよく知られていたので、こういった公的な資金援助が得られたのである。二人は上海から北京まで一緒にゆく。北京で二人は分かれ、生江は、一人で満州まで足を伸ばしている。

この時、二人は、中国の阿片中毒者の救済のために、青島《チンタオ》か上海に、病院を建設しようという計画をあらかじめ持っており、現地で関係者に相談している。青島と上海の名前があがっているが、二つとも、在留日本人が多くいた所である。だから、中国側ではなく、在留日本人に依拠して、病院を建設する計画だったことがわかる。しかし、結果的に二人の計画は失敗する。

黒十字会の企ては失敗する

その後、菊地酉治は、黒十字会という組織を作る。生江孝之も、彼に協力し、黒十字会の会員となり、委員にもなっている。しかし、黒十字会の企ても失敗する。菊地酉治がこの時、設立したという黒十字会については、これまで、全く研究がない。だから、それが、どのような組織であり、また、どのような事業を行なったのか、さらに、どうして失敗したのかなど、皆目、わからない。現段階では、麻薬中毒者の救済のために、菊地酉治が、こういう組織を作ったということしかわからない。

ただ、菊地酉治は、中国で救済事業をすることにこだわった。すなわち、中国人の麻薬中毒者を救済するために、中国で、専用の病院を建設しようとした。彼の個人的な経歴からすれば、彼が中国にこだわった気持ちは、よくわかる。しかし、結果的に、彼の計画は失敗してしまう。

これに対し、生江孝之のほうは、救済事業を必ずしも中国でやらなくてもよいという方向に変換してゆく。彼は、実際に中国に行って、実地に調査したり、また、菊地酉治が設立した黒十字会の活動を手伝う中で、次第に、中国での救済活動に見切りをつけてゆく。むしろ、日本内地でも同じことがやれるし、また、やるべきだという方向に変わってゆく。こうして、彼は、いわば本場の中国のほうは断念し、日本内地にいる麻薬中毒者の存在に眼を移してゆく。その点を、生江孝之は次のように述べている。

「その後、私は遠く支那大陸に在る何千人の麻薬中毒者に対して保護の手を延べるより、むしろ日本に於て、若しそれと類似の者が居るならば、それを救護する事が適切であり、又、可能性が多いと信ずるに至ったのである。」（前掲、『わが九十年の生涯』、一五六頁）

前述したように、菊地酉治の執筆活動は一九三一年で、突然、終わる。それ以降、公表された彼の文章は全くない。また、生江孝之の自伝（前掲、『わが九十年の生涯』）にも、それ以降、菊地酉治のことは一切、出てこない。これらのことから、菊地酉治は一九三一年ごろ、死んだ可能性が高い。彼の経歴が不明なので、あくまで、推測にしかならないが、私としては、そのように理解している。一九三一年で、（死去の可能性も含め）菊地酉治が突然、いなくなる。このこともあって、生江孝之は、麻薬中毒者の救済問題から、しばらく離れる。

ユニークな産婦人科医、馬島僴

その後、彼は、馬島僴（まじま・ゆたか　一八九三～一九六九）という人物から、日本にいる朝鮮人の麻薬中毒者がいかに悲惨な状態にあるかを、ぜひ一度、視察してもらいたいと頼まれる。これがきっかけになり、彼は再び、この問題に関与してゆく。

馬島僴は、愛知医専出身のユニークな医者であった。彼は産婦人科が専門で、若い時、有名な社会事業家、賀川豊彦について、神戸で貧民相手のセツルメントに従事している。彼は、「貧乏人の子沢山」という窮状を改善するため、産婦人科医として、避妊の必要を痛感する。一般の人が、簡単、かつ低廉に避妊できるようにという考えから、彼は、独自に「馬島式ダッチペッサリー」という避妊具を発明している。

彼はまた、そういったセツルメント活動に従事したことから、左翼運動にも理解を示す。例えば、一九二八年、重病ということで、逮捕をまぬがれ、自宅で療養していた共産党幹部の山本懸蔵が逃亡するのを、医者の立場を利用して、助けたなどの話は有名である。

戦前、中絶（堕胎）は法的になかなか難しかった。ところが、産婦人科医の彼は、しばしば非合法な堕胎を引き受けた。そのことで、彼は、思いもよらない世界においても、特別な人脈を持つことになった。彼らは浮気の果てに、相手の女を妊娠させてしまう。当然、中絶させたいが、しかし、合法的には困難であった。やむなく、馬島僴に泣きつく。彼はひそかに中絶してやることで、結果として、彼らに恩をうったからである。こうして、彼は、時に軍部や右翼の有力者とも懇意になった。

一方、彼は、女に対し、いささか常軌を逸した所があった。妻子がいるにもかかわらず、看護婦など、近づく女に、文字通り手当たり次第に、手をつけ、愛人にしてしまった。彼のこの性癖は病的ともいえた。こういった、いわゆる「無頼派」的な要素も、彼は具えていた。

しかし、戦後には、社会党から立候補して代議士にも当選している。このように、馬島僴は、戦争をはさんだ動乱の時期を、一つの型にあてはまらない、一風、変わった産婦人科医として、駆けぬけた。彼の生き方は、とにかく、乱世を生きるのにふさわしく、スケールの大きなものであった。

朝鮮人の趙晟基

馬島僴が、朝鮮人麻薬中毒者の救済にかかわるきっかけは、朝鮮人の趙晟基（ちょう・せいき）との出会いであった。それを、馬島僴は自伝の中で次のように著わしている。

「この趙晟基という男が私のところにはじめてやって来たのは、大正十四年頃のことである。彼は初対面のあいさつに、自分は東亜会という朝鮮人団体の会長をやっているのだと名乗った。東亜会ともいえば一般には暴力団体と見られていたが、趙の話では、彼の意図はそのようなものではない。私のところにやって来たのも、朝鮮人同胞の救済、とくに麻薬中毒者の救済をやりたいから手を貸してほしいというのが彼の申し入れだった。私はそれまで麻薬中毒というものの本質を知らなかったから、医学的にも大いに関心をおぼえて、早速それを引き受けることにした。」（馬島僴『激動を生きた男』、日本家族計画協会、一九七一年、一七八頁）

このように、馬島僴は、趙晟基に頼まれ、一九二五年ころから、東京で、朝鮮人麻薬中毒者の救済事業にかかわっていた。馬島僴に救けを求めた趙晟基は、なかなかの人物であったようで、東亜会という朝鮮人の暴力団体の会長をしていたが、他方で、朝鮮の独立を心に願っていた。そのためか、その後、収容中の一患者が死んだ時、彼は、それを口実に逮捕されている。次は、一ヵ月ほどして釈放されて帰って来た時、彼が馬島僴とかわした会話である。

『朝鮮は南陸軍大将が総督として立派な政治をしていることになっていますが、朝鮮人に対しての日本政府のやり方は、われわれ朝鮮人としてはどうしても耐えがたい、いやなものです。これまでこんなことをいったことはないが、自分がもし多少の力を得たならば、朝鮮に帰って民族の独立運動をしたいと思います。その際には先生にも何か声援していただきたいのです。』と彼はいって、恐る恐る私の顔をのぞきこんだ。私が大いに賛意を表し、手伝いもしようというと、彼は涙を浮べて喜んだものであった。」（前掲、馬島僩『激動を生きた男』、一八〇頁）

このように、早くから、朝鮮人の趙晟基が中心になって、麻薬中毒に苦しむ同胞の世話をしており、馬島僩は医者の立場から、その仕事を援助していた。

生江孝之が組織しなおす

生江孝之は、馬島僩から紹介され、朝鮮人麻薬中毒者に対する救護事業を見にゆく。その結果、彼はこの事業の意義を認め、以後、深くかかわってゆく。

前述したように、菊地酉治の話に感激し、一時は彼と一緒に中国で、麻薬中毒者の救済を志すが、しかし、失敗する。そして、盟友の菊地酉治とも縁が切れてしまう（前述したように、あるいは、この時、すでに、菊地酉治は死去していたかもしれない。）。そういう中で、一時、この問題から離れ、別のことにかかわっていたが、しかし、生江孝之としては、この問題を決して忘れていたわけではなかった。だから、馬島僩から、勧誘を受け、実際に、救護状況を見た段階で、彼は、この事業にかかわることを決心する。前述したように、この事業に、彼がかかわってゆく下地がすでに整っていたからであろう。

こうして、今度は彼が中心になって、組織しなおす。当時にあって、医者の馬島僩や、朝鮮人の趙晟基に比べれば、明らかに彼のほうが年令も上で、かつ、社会的地位も高かった。だから、彼のほうが、当然、この事業の中心になるのに、ふさわしかった。

麻薬中毒者救護会を設立

一九三三年（昭和八年）二月一七日に麻薬中毒者救護会を設立する。前掲の自伝（『わが九十年の生涯』）、および、麻薬中毒者救護会編『昭和九年度麻薬中毒者救護会年報』（一九三五年八月、以下、『年報』と略す）などによって、同会のようすを見てゆく。

まず、麻薬中毒者救護会の建物は、「新築した私の住宅を開放し」（前掲、馬島僩、『激動を生きた男』、一七九頁）とあるように、馬島僩が自宅を提供して、それにあてた。

「馬島僩が葛飾区立石町の自宅を提供し、自分は本所区の診療所に一時、移転する事になった。（中略）勿論、この施設は不完全であったとは云え、馬島氏が自宅を提供したという事から考えても、いかに彼等が悲惨な状態にあったかを想像しうると思う。」（前掲、『わが九十年の生涯』、一五八頁）

麻薬中毒者救護会収容所全景（『昭和９年度麻薬中毒者救護会年報』より）

前述の『年報』の巻頭に、馬島僴が提供した建物の写真が掲載されている【写真参照】。前に、こじんまりとした、平屋の木造の家があり、後のほうに、洋館らしい建物の屋根が二つ見える。たぶん、それらの建物も一緒なのであろう。実際、この程度の広さの建物がないと、数十名の中毒者を長期間、収容することはできまい。

いくら、別に診療所の建物があり、当面、住む所に不自由しないといっても、これだけ広大な邸宅をそっくり社会事業に提供してしまうとは、やはり、たいしたものである。誰にでもできることではない。感心してしまう。馬島僴が、女にめっぽう、弱かったことはさきに述べた。このように、彼は、社会事業家の中では珍しく、一種の破滅型の人間であった。こういった、型やぶりの所があったからこそ、ここまで思い切ったことがやれたと私は考える。

生江孝之も私財を投じる

中毒者を収容する建物は、こうして用意できた。次は運営費用である。次に述べるように、生江孝之もまた、私財を投じてゆく。

「私も又、経営上の責任を負い、又、社会事業家として、斯《か》かる状態を、他人の助成のみに頼って成り立たせようという事は、必ずしも当を得たものではないと考え、先ず、自分の私財を全部、提供して、斯《か》くして後にその足らざるものを世間に訴えて、援助を求めようという決心を強くするにいたった。勿論、私は大した私財を持っているわけではなく、多くを寄与する事は出来なかったが、社会事業のため自分の所有の全部を提供しようと決意をしたのはこの時が初めてであった。」（前掲、『わが九十年の生涯』、一五九頁）

このように、生江孝之は、経営責任を全うするために、まず初めに、私財を投じる。その後に、不足分を、世間の心ある人から、広く集めようというものであった。一つの社会事業に私財を投じる。――これもまた、容易にできることではない。それを生江孝之は敢えてやる。ここから、この事業にかける彼の決心の尋常ならざることがわかる。

しかし、彼の私財だけでは、到底、足りなかった。不足分は、ほかに求めねばならなかった。この時、彼が長く内務省に勤めていたこともあって、内務省から設立準備の費用として、当時の金で一〇〇〇〇円の援助を、たまたま、受けることができた。これによって、ようやく、事業を始めることができた。

以上のように、医者の馬島僩が自宅をそっくり提供し、生江孝之もまた私財を投じている。馬島僩にしても生江孝之にしても、大きな自己犠牲のもとに救済事業に挺身している。二人の自己犠牲の精神は、もちろん、尊い。しかし、考えて見れば、自宅を提供したり、また、私財を投じることは、誰にでもできることではない。当然、経済的に相当程度、恵まれた、ごく限定された人々にしかできない行為であった。

これでは、恵まれた立場にいる人でなければ、社会事業に関与できないことになってしまう。基本的に善意ぐらいしか提供できない普通の庶民では、到底、こういった仕事に手を出せなかった。ここの所に、私は当時の社会事業の持つ特徴、あるいは限界を感じざるをえない。当時にあっては、なお、社会事業は一部の恵まれた人々が、善意で行うべきものであった。その意味で、まだ、古いタイプの「慈善事業」的な要素を、たぶんに持ち合わせていたということであろう。

輝かしいプロテスタントの人脈

次は、麻薬中毒者救護会の組織である。理事長、常務理事、理事、評議員、主任などの役員を置いている。理事長は長尾半平である。彼はプロテスタントの名士であり、理事長という世間向きの看板を担ってもらうのにふさわしい人物であった。また、生江孝之と馬島僩の二人が常務理事になっている。彼らが事実上の責任者であった。

八名の理事と三九名の評議員には、そうそうたる人物が揃っている。しかし、その中でも目立つのは、次のようなプロテスタントの人々である。すなわち、益富政助、久布白落実《くぶしろおちみ》、丸山伝太郎（以上、理事）、山室軍平、賀川豊彦、高田畊安《こうあん》、安井哲子、小林富次郎、関屋貞三郎（以上、評議員）などである。こういったことから、同会の活動が、おもに生江孝之の人脈、すなわち、プロテスタントの人脈に従って、行なわれたことがわかる。このことは、同会の事務所が「東京市神田区美土代町三丁目三番地、東京基督教青年会館」に置かれていたことから、一層、確実になる。

一九三〇年代になると、日本におけるプロテスタントの活動は、さすがに、かつての勢いを失ってゆく。実際、それほど目立った活動は見られなくなる。その中で、ここに、日本のプロテスタントを代表するような大物たちが、一堂に会している。彼ら一人ひとりについて、詳しく説明する余裕はないが、彼らは、とにかく、それぞれの分野で、かつて一時代を築いた者ばかりであった。

そういった彼らが、それこそ、キラ星の如く、勢揃いしているさまは、まさに壮観である。その意味で、生江孝之が始めた麻薬中毒者救護会の事業は、特別の位置を占めている。日本のプロテスタントの営みの中で、それは、小さいけれども、おそらく、最も遅れて輝いた栄光であった。

そのほか、以前から、この仕事に携わっていた趙晟基が、ただ一人、主任という役職に就いている。彼は、引き続いて、施設に住みこみ、中毒者の世話に当たった。役員は、理事長はじめ全員がすべて無給であった。ただ、実際に患者の世話に当たる職員（主任などの）だけは、食費を支給された。このように救護に当たる側には最低限の費用しか、かけていない。

中毒患者の救護

中毒患者は収容後、一週間を経れば、栄養失調状態ではあるが、モルヒネ中毒自体は、一応、解毒した。そこで、軽微な仕事をさせて、体力の回復をはかった。つごう六ケ月間、収容して退院させた。半年はかなり長い。この間、彼らに無料の食事を与え続けるのだから、その食費は、当然、かなりの額になった。

生江孝之が個人的な資産を投じても、それだけでは、到底、維持してゆけなかった。そこで、寄付を募った。私的な寄付と並んで、公的な補助も求めた。幸いに、当時の東京府知事が生江孝之の知り合いだった縁から、東京府の補助を受けるようになる。長く内務省に勤めていたことから、生江孝之はこういった方面に顔が広かった（旧内務省は現在の自治省の仕事も含んでいたから）。今回も、それが助けになった。

結局、一九三六年（昭和一一年）頃から、年に八～九〇〇〇円程度の東京府の補助金を受けることができた。これによって、会の経営がやっと安定したのではなかろうか。

東京府の補助金をまだ受けていない一九三四年度（昭和九年度）の決算報告がある（前掲、『年報』、一三頁）。これによると、寄付金の合計が三三一二円。事業収入（授産事業収入）が五六〇円。収入全体が、三九七六円である。授産事業収入というのは、収容者に軽微な仕事をやらせていたが、その仕事の収入のことである。だから、ほとんど寄付金で運営資金をまかなっていたことになる。また、支出の合計は三八四二円であった。

なお、この年度の寄付金の所に、「一金十円也　菊地消子氏」と記載されているのを見つけた。全くの「あてずっぽう」であるが、私には、彼女が、なんとなく、前に述べた菊地酉治の未亡人のように思われてならない。また、調べてゆきたいものである。

収容者数とその内訳

次は、同会の収容者数である。前掲の『年報』によれば、一九三四年度では、収容定員数四〇名のところを、実際には一ヵ月、平均の収容者数は四三名であった。また、ここから、収容者の出身地と性別がわかる。すなわち、朝鮮一一三名（男九二、女二一）、内地一九名（男七、女一二）、合計一三二名（男九九、女三三）である。

まず、この統計から、移住してきた朝鮮人ばかりではなく、日本人の間にも、ある程度、麻薬中毒が広がっていたことがわかり、興味深い。一方、朝鮮人の出身地では、全羅南道《ぜんらなんどう》（五〇名。男四三、女七）と慶尚北道《けいしょうほくどう》（二〇名。男一五、女五）が圧倒的に多い。日本に近い地方から、多く移住してきていることが、この数字からも、うかがえる。また、女の収容者もかなりな比率にのぼっている【写真参照】。

生江孝之は、その自伝の中で、「その成績は予想外、良好であった」とし、「その後の統計によれば、この救護は収容患者の約六割が成功したと云える」と、評価している。しかし、同時に自分たちの事業の限界もよく承知していた。すなわち、

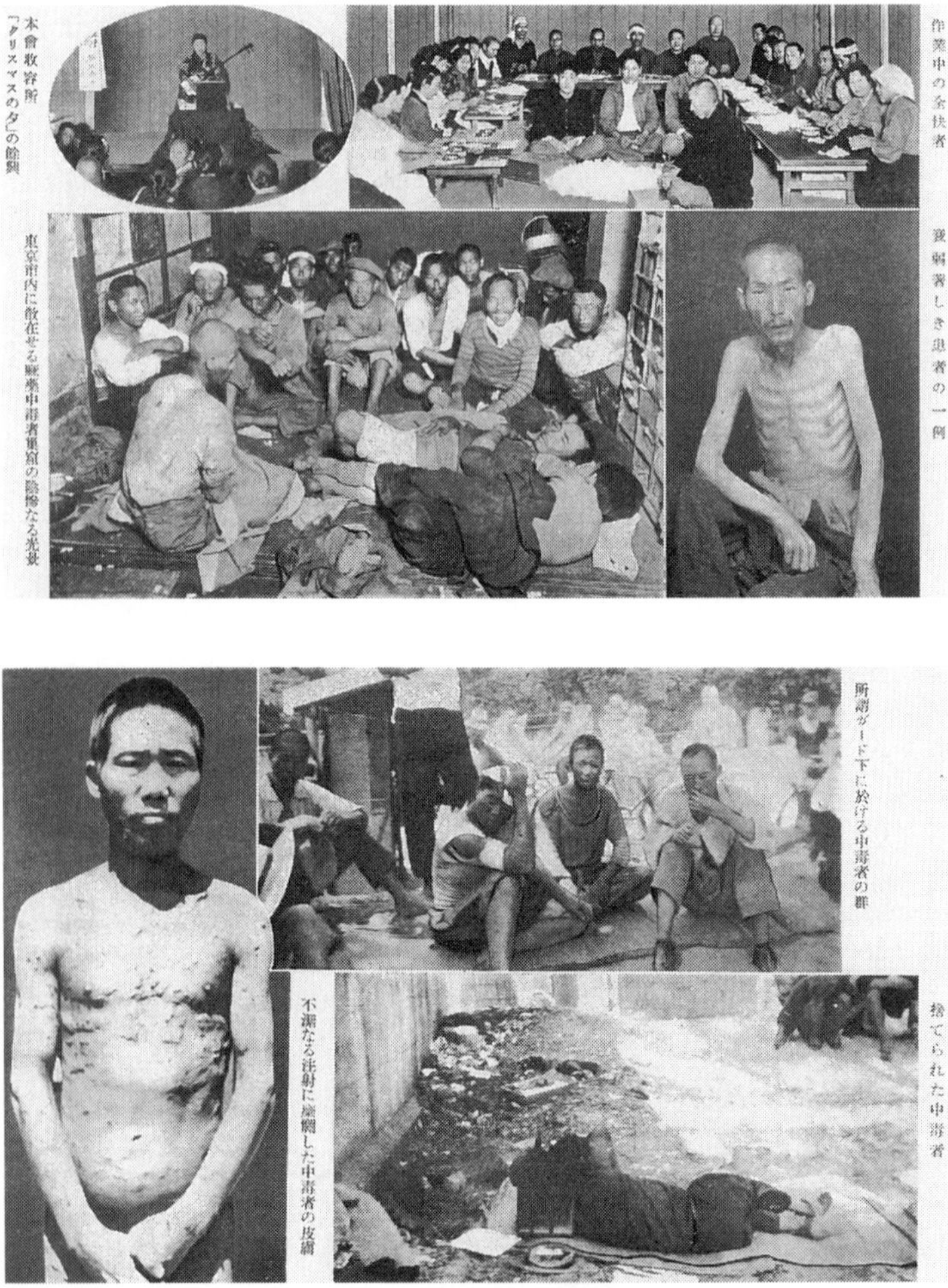

上・収容された麻薬中毒者、下・悲惨な麻薬中毒者の状況
（『昭和９年度麻薬中毒者救護会年報』より）

「しかし、三千人内外の中毒者が存在しているのに対し、わずか三、四十人のみを収容して、六ケ月間、保護するのであるから、その実数は甚だ乏しいわけである。」(前掲、『わが九十年の生涯』、一六〇頁)。

当時、東京には朝鮮人が約四万人、来ており、彼らのうち、三〇〇〇人内外が麻薬中毒者であった。生江孝之たちは、このうち、一年にわずか四〇名程度を収容して治療を施すだけにすぎなかった。だから、彼が率直に述べているように、全体的に見れば、彼らの仕事の効果は、たしかにたかが知れていた。いわば、「焼け石に水」であって、事態の解決にはほど遠いものであった。

前述したように、日本は朝鮮でモルヒネを大量に製造し、意識的に多くの朝鮮人をモルヒネ中毒者にしたてあげていた。その結果、膨大な数のモルヒネ中毒者(ものごとの性格上、きちんとした数字は出せないが、おそらくは、一万人単位の人数)が、毎年、作りだされていた。そして、彼らの一部が日本に流れてきた結果、東京や大阪などの大都市に朝鮮人のモルヒネ中毒者がかなり目立つようになったわけである。

事業の限界

要するに、生江孝之たちが、毎年、東京で四〇名程度、治療しても、朝鮮では、数万人程度の割で中毒者が増大していたのである。このような事情を考慮すれば、朝鮮人モルヒネ中毒者を本当の意味でなくしてゆくためには、朝鮮における日本側のモルヒネ政策の中止が必要であった。それなくして、東京で、いくら、朝鮮人モルヒネ中毒者を救済しても、なんの意味もなかった。本（もと）の朝鮮で、毎年、数万人の中毒者が生まれているのを放置しておいて、末（すえ）に当たる東京で約四〇名ほど、救済しても、全く無意味であった。誰でもわかるように、東京においてではなく、本（もと）にあたる朝鮮における日本側の政策をただすことこそが肝要であった。

しかし、生江孝之たちは、そういったことを全く問題にしていない。彼らは、従来の政策を改めるように、当局側に要求していない。問題の大本の所には一切、触れなかった。朝鮮における日本側のモルヒネ政策を放置し、手をつけない以上、この問題の解決など、できるはずがなかった。その意味で、生江孝之たちが行った麻薬中毒者救護会の事業は、客観的には、ほとんど無意味であった。生江孝之や馬島僴たちの、事業に対する善意は、認める。また、彼らの、自己犠牲の精神はたしかに尊い。にもかかわらず、彼らが推進した事業が客観的に果たした意義は、ごく限定されたものにならざるをえなかった。

警視庁の救護活動と比較

それでは、生江孝之たちの麻薬中毒者救護会の事業は、全く、無意味だったのであろうか。私は、そうは考えない。彼らの仕事と比較する意味で、警視庁の仕事を取り上げる。実は、警視庁も、朝鮮人のモルヒネ中毒者を救護していた。

「警視庁に於ても、昭和十二・三年頃から別に麻薬中毒者救護所を設立して、そして志願者を収容したので、その点から云えば、収容機関が二ケ所になったという事もあるが、（中略）警視庁救護所の収容期間はやはり一ケ月内外であったので、」（前掲、『わが九十年の生涯』、一六六頁）

詳しい事情は不明であるが、とにかく、警視庁もまた、生江孝之たちと同じ仕事を行っている。ただ、患者の収容期間が著しく違う。後者が六ケ月なのに対し、前者はわずか一ケ月内外にすぎなかった。収容期間はこのように違ったが、とにかく、両者は、同じ頃、同じような仕事を行っていた。しかし、私は両者の意味が少し異なると考える。

まず、警視庁の場合、行政側がいわば社会政策的な配慮から行ったものであった。換言すれば、治安上の観点が重視された。すなわち、多数の朝鮮人のモルヒネ中毒者にウロウロされたのでは、東京の治安が保てない。だから、彼らを施設に収容したのである。それ以上のものではなかったから、真剣に彼らを中毒症状から救済する気は少なかった。

だから、彼らの収容期間も、一ケ月内外と比較的短かったのである。要するに、目障りな朝鮮人中毒者を一時的にでも施設に収容し、人々の目に触れないようにすればよいわけで、まさに対症療法にすぎなかった。事態の根本的な解決を目ざすものでは決してなかった。

本心からモルヒネ中毒者を救済

これに対し、麻薬中毒者救護会のほうはいろいろな点で違っていた。まず、同会は、生江孝之たちが全く自発的に起こした、民間の事業であった。彼らは善意と自己犠牲の精神によって、ボランティアとして、実際に困っているモルヒネ中毒者の救済に当たった。また、ただ単に中毒の治療だけではなく、彼らのその後の更生のことも配慮して、体力の回復のため、六ケ月という長期間、収容している。

要するに、生江孝之たちは、朝鮮人麻薬中毒者の惨状を知り、キリスト教人道主義の立場から、なんとかして彼らを救済できないものかと考える。彼らは、目の前で苦しんでいる朝鮮人麻薬中毒者の哀れな境遇に心から同情し、その救済に命をかけた。彼らの情熱と献身にウソ偽りは少しもなかった。彼らは、善意と自己犠牲の精神に従い、いくたの困難を乗り越え、とにかく、長期にわたって活動していった。この面は肯定的に評価すべきである。要するに、この面に限定して注目すれば、生江孝之たちは明らかに日本国民の良心であった。

しかし、他方で別の側面も持っていた。それは、おそらく、社会福祉事業なるものが、本来的に持っている矛盾、換言すれば、二面性に由来していると私は考える。生江孝之たちの事業もまた、客観的には、やはり、この二面性を帯びていた。

すなわち、いわゆる社会事業なるものは、往々にして権力側が行う悪業の尻ぬぐいという性格を持った。この場合、権力側の悪業を隠す、いわば、イチジクの葉の役割を果たさせられた。生江孝之たちの事業も、客観的には、たしかに、一面でこの要素を持っていた。このことは否定できない。そして、この側面だけ見れば、前述した警視庁が別途に行なった救護活動と基本的には同じであった（救護の主体が行政と民間の違いはあっても）。

最後の授業で告発

ただ、生江孝之たちが、朝鮮における日本側のモルヒネ政策を実際に知らなかったのではないかという疑問を呈する人もいよう。そこで、次に、このことを問題にする。これに関しては、次の史料が参考になる。

「先生の最後の授業が特に印象的であった。それは、先生が、阿片中毒者問題で中国におたちになる為、学校をおやめになる直前の授業（昭和十九年三月）だった。先生は『日本人が阿片の密輸入をやっている。その為、中毒者がどんどんふえてきた。私は、この日本人の罪をどうしてもつぐなわなければならない。』と、強くおっしゃりながら、涙を幾筋も幾筋も流された（筆者）。」（一番ケ瀬康子編『社会福祉古典叢書　四　生江孝之集』、鳳書院、一九八三年、四〇六頁）

筆者とあるので、これは、編者の一番ケ瀬康子氏自身の思い出のようで、一九四四年（昭和一九年）三月の話である。生江孝之が中心になって運営していた麻薬中毒者救護会は、紆余曲折があったが、とにかく、その後も存続した。しかし、結局、戦争が激しくなった一九四三年には解散している。それまで、携わっていた麻薬中毒者救護会が解散したあと、彼は、中国に行き、阿片中毒者を救済しようとした。しかし、戦局の悪化のため、その企ては中止になり、中国行きは結局、実現しなかった。結果的には実現しなかった中国行きの前夜、最後の授業で彼が語った内容が前掲の史料で紹介されている。

一九四四年の段階で、彼は、日本が阿片の密輸入をやっていることを、大学の授業で学生たちに述べている。内務省に勤めていたのであるから、彼は、早くから、こういったことは知っていたはずである。それを、当時としては、最も安全な大学の授業の中で、少数の学生を相手に、やっと告発している（もちろん、大学の授業で、この話をするのさえ、当時にあっては、相当な勇気が必要だったことは認めるが）。しかし、それ以上に広く世間の人々に訴えようとは決してしなかった。また、実際問題として、なんらかの手段を使って、一般の人々にそれを訴えれば、彼は確実に当局側に逮捕され、職を失ったことであろう。

これは、一九四四年の話であった。それ以前の、麻薬中毒者救護会を設立した一九三三年前後の段階でも、事態は同様であったと私は推測する。内務省の役人であった生江孝之が、朝鮮における日本側のモルヒネ政策を全く知らないはずがなかった。よく承知していたにもかかわらず、敢えてそれを問題にしなかったと私は考える。

生江孝之の仕事の今日的評価

結局、生江孝之のこの問題に対する姿勢は、次のようにまとめられよう。すなわち、日本側が中国や朝鮮で行った阿片・モルヒネ政策が、どんなに恥しらずの、また、非人道的なものであったかを、立場上、彼はよく知っていた。また、その政策によって、おびただしい人々が塗炭の苦しみにあえいでいることも、よく承知していた。

にもかかわらず、彼は、日本政府に対する批判は差し控える。前述したように、せいぜい、勤務していた大学の最終講義の場で、控えめにそれを告発するぐらいが、関の山であった。しかし、その一方、そういった政策によって、生み出された人々の窮状に対しては、心から同情し、自分のやれる範囲で、せい一杯、救済の手を差し伸べる。

このように、生江孝之の姿勢をとらえるならば、彼に対する評価も、おのずから定まってこよう。後段の部分、すなわち、苦しんでいる人々を自己犠牲の精神で救済する所だけに注目すれば、彼のやった仕事はまことに立派である。そこに、日本の「社会事業の父」という評価にふさわしい、誇るべき社会事業家の姿が浮かんでくる。

しかし、前段の部分まで含め、全体として、彼の姿勢を問題にすれば、矛盾だらけであり、かつ、大きな限界があったということになる。むしろ、低い評価しか与えられない。現在の立場から評価しているので、当然、厳しいものになってしまうが、しかし、それは、やむをえまい。

第八章　戦時体制下の阿片生産

『大東亜の特殊資源』の説明

これまで述べてきたように、たしかに日本の阿片政策は大きな成果をあげた。しかし、日中戦争（一九三七年）、さらにアジア・太平洋戦争（一九四一年）と、日本が本格的な戦時体制に入るに伴い、それもまた、新たな段階に進んでゆかざるを得なかった。さきに紹介した佐藤弘編『大東亜の特殊資源』という本の「阿片」の項目はわずか三〇ページほどの短いものに過ぎない。しかし、実によく書けている。本書ほど、戦時体制下の阿片生産の概況を手際よくまとめたものを、私は知らない。史料として、まさに出色のものであって、丁寧に読んでゆくと、戦時体制下の日本の阿片政策が直面するに至った矛盾まで、ある程度、読みとることが可能である。

戦時体制下、阿片・モルヒネは、その密輸が国際条約違反に問われる禁制品であるとともに、一方ではまた、戦略物資でもあった。従って、これに関する資料は厳重に秘匿されており、それを自由に入手し得る立場にいた者はごく限られていた。そういった状況で、なおかつ、本書は、正確な資料に依拠しつつ、的確にこの問題を論じている。驚くべきである。

当時、厚生省が国内の阿片・モルヒネ生産を管轄していた。従って、この箇所を分担執筆した著者は、厚生省から、とくに便宜を供与され、普通の人が見られないような秘密の資料を利用することができたと推察せざるをえない。そのような特別な条件がなければ、これだけ、要領よく、また、目くばりのきいた文章を書けなかったのではなかろうか。

そこで、以下、『大東亜』に依拠して、戦時体制下の阿片政策の特色を述べてゆく。

阿片政策の弱点とその対策

まず、『大東亜』は、この時期の阿片政策の弱点とその対策を大きくまとめる。

「モルヒネ及びその他薬品類の製造能力は先づ心配なく、戦時、問題となるのは原料阿片、即ち生阿片に就いてである。戦時、阿片需給上の弱点としては、軍需の激増・輸入杜絶・食糧増産との衝突・肥料問題・代用品のないこと等が挙げられる。之に対して民需の制限・輸入先転換・国内増産等の対策がある。」（『大東亜』、二七頁）

第四章で述べたように、日本のモルヒネ類の製造能力は世界に冠たるものであったから、これについては問題がなかった。問題は結局、原料阿片の不足であった。その第一の理由に、『大東亜』は「軍需の激増」を挙げている。戦場で大量のモルヒネが消費されたことを『大東亜』は次のように述べている。

「現在の本邦阿片需要は支那事変前の約三倍に上るといはれ、又、現今及び将来の内地需要量は約五〇瓲とのことである。之に台湾・関東州の煙膏用約八〇瓲を加へると、総需要量は凡そ一三〇瓲になる。然し、現在の戦争の発展如何により更に増大するとも考へられる。

支那戦線に於ては、大体、同地方の阿片を内地、若くは最寄りの製薬所でモルヒネ化し、再び戦地使用を行ってゐるが、何分、人間許りでなく、軍馬・軍犬の手術に迄、使用するとのことであるから、消費量、大で、不足勝のことと思ふ。そのため、供給量の六割以上は軍需に用ひ、残余が医師に配給されてゐる。」(『大東亜』、二八頁)

大規模な戦争の進行に伴い、まず、医療品としてのモルヒネの需要が際限もなく増大する。モルヒネは、戦場で負傷した兵士にとって、欠くべからざる鎮痛剤や麻酔剤として、大量に使用されたからである。上掲の史料によれば、「何分、人間許りでなく、軍馬・軍犬の手術に迄、使用」したというのであるから、戦場におけるモルヒネの使用量は莫大であって、「供給量の六割以上は軍需に用ひ」られたという。

また、中国戦線の占領地域を軍事支配してゆくうえでも、阿片やモルヒネは必需品であった。というのは、麻薬として、阿片やモルヒネを軍事占領下の中国人に大量にばらまくことで、占領地支配を円滑、かつ効率よく行なおうとしたからである。以上のように、戦時体制下で、阿片煙膏やモルヒネの原料たる原料阿片に対する需要ははねあがった。実際、上掲の史料は、日中戦争で、原料阿片に対する「需要は支那事変前の約三倍に上」ったと具体的に述べている。

原料阿片の不足の第二の理由は「輸入杜絶」であった。日中戦争の段階では、まだ外国から原料阿片を輸入することができた。しかし、アジア・太平洋戦争に突入すると、原料阿片を外国から輸入できなくなった。当時、阿片を輸出したのは、インド、ペルシャ(イラン)、トルコなどであったが、戦争により、これらの国からの原料阿片の輸入は途絶した。平時ならば、需要が増大すれば、すぐに外国から原料阿片を輸入して、不足を補えばよかった。しかし、アジア・太平洋戦争が始まり、輸入が不可能になった以上、そういったわけにはゆかなくなる。別の道を講じなければならなかった。

国内増産を第一

こうして、日本が戦時体制に移行する中で、軍需の激増と輸入の途絶をおもな理由として原料阿片の供給は逼迫してくる。この不足を補うため、阿片の増産が優先的な課題となり、さまざまな努力がなされていった。まず、外地である。第五章で述べたように、朝鮮で大増産が図られたが、しかし、ここでは技術面の未熟さが大きなネックとなり、作付面積の広い割には生産高はそれほど伸びなかった。次は満州国の状況に対する『大東亜』の説明である。

「猶、満州では掃匪工作の関係上、増反し得ないので、反当り収穫を増す他はなく、政府も努力してゐるが、四〇万の満人栽培者の無能と非科学的態度は、徒に天候その他に頼るのみで優に五割増収可能な所をみすみす失ってゐる。それ故、同地よりの輸入は当分、望むべくもない。」（『大東亜』、二九頁）

このように、『大東亜』の著者は満州国における阿片増産をあきらめている。ただ、代わりに内モンゴル地区（いわゆる蒙疆地方）からの輸入に期待しているだけである。第五章で、江口圭一氏の研究に依拠して述べたように、たしかに蒙疆地方は、東アジア的規模で展開された日本の阿片政策の中で、原料阿片の一大供給地と位置づけられ、莫大な量の阿片を生産した。しかし、それでもなお、戦時体制下、際限もなく増加してゆく原料阿片の需要を全面的に満たすことはできなかった。

たしかに蒙疆地方を中心にした外地でも、大規模にケシが栽培され、原料阿片が大増産された。しかし、外地は外地なりに需要が多かったので(ほとんどは阿片の形態のままで)、外地で生産された阿片は、大体、外地で消費されてしまい、内地にまで回ってくる分は少なかった。結局、『大東亜』は、戦時体制下の原料阿片の不足を解決するための方策を、次のようにまとめる。

「結局、国内増産を第一とし、それと共に蒙疆よりの輸入の増加に努力せねばならないのである。」(『大東亜』、二九頁)

要するに、国内増産を第一としたのである。この時期の朝鮮や内モンゴルにおける阿片生産のことは、すでに第五章で述べたので、ここでは、外地のことは捨象し、内地に限定して述べる。

内地に限定

上掲の史料で、『大東亜』は、当面(一九四三年段階で)、原料阿片の「総需要量は凡そ一三〇瓲」としている。戦時体制下、とにかく、激増する需要を満たすために、これだけの原料阿片を生産しなければならなかった。内地における原料阿片の大増産について、『大東亜』は次のようにいう。

「従来の生産量では需要の半ばにも達せず、政府は種々の対策を練りつつある。新しい土地への増反は失敗の例もあり、短時日では困難なので、和歌山を中心とした経験ある地方に強制割当を行ひ、昨年、内地の栽培面積は約二、二〇〇町歩となった。その際、米麦増産を旨とする農地調整令と衝突したが、農林省と協議を重ねてまとめたといふ。されば、今年の収穫が増産計画の将来を決定するわけで、当局では、今年、成功すれば、数年後に目的を達して自給自足し得ようとみてゐる。」（『大東亜』、二八頁）

前述したように、ケシの栽培には経験と技術が必要であり、どこででもケシを作付けしさえすれば、望むだけの阿片が収穫できるとは必ずしもいえなかった。上掲の史料の中に、「新しい土地への増反は失敗の例もあり」という記述があるが、私は、それを北海道での栽培の失敗と結びつけて考えてしまう。『大東亜』に次のような説明がある。

「昭和八年、北海道に水害救済を兼ねて数百町歩試作したのを含めて一〇四四町歩［約一〇三五ヘクタール。引用者注］である。遺憾乍《なが》ら病害のため失敗したことは阿片産量を見ても明瞭である。」（『大東亜』、一三頁）

事実、一九三二年八、九月に北海道は記録的な水害に襲われている。ケシは生育期間が比較的短く、約三ケ月で阿片汁を採取することができた。すなわち、ケシは本来、秋蒔きで一一月に播種するが、寒冷地では春蒔きで三月に播種した。後者の場合、七月に収穫した。だから、寒冷な北海道、満州、ひいてはシベリアでも、ケシ栽培は可能であった。

このような事情から、水害救済の応急措置として、ケシ栽培が北海道で大々的に施行されたのであろう。しかし、ケシ栽培＝阿片生産にはそれなりの習熟が必要だった。その意味で、おそらく、病害と並んで技術の未熟さも加わって失敗したのであろう。このため、北海道でケシ栽培を大々的に行うことは、一年限りでやめになったと推察される。

食糧増産方針と調整しながら、強制割り当て

そこで、内地において最も経験を積み、技術を持った「和歌山を中心とした経験ある地方に強制割当を行」ってゆく。要するに、和歌山県と大阪府におけるケシ栽培が、戦時体制の深まりとともに、ますます重要な位置を占めていった。厚生省は両府県でケシ栽培の強制作付を行なう。

一九九〇年、大阪府茨木市で、私は実地調査を行なったが、その際、戦時中、この付近では村や集落ごとにケシの作付け面積が決められ、ケシ栽培を強制されたという農民の証言を得ることができた。一方、上掲の史料は、ケシ栽培の強制割り当てに伴う、興味深い話を紹介している。すなわち、「和歌山を中心とした経験ある地方に強制割当を行ひ、昨年、内地の栽培面積は約二、

二〇〇町歩となった。その際、米麦増産を旨とする農地調整令と衝突したが、農林省と協議を重ねてまとめたといふ。」

このように、「和歌山を中心とした経験ある地方」においてさえ、全く無制限に阿片の増産を追求できたわけではなかった。すなわち、同じく戦時体制下の優先課題である食糧増産方針と衝突したからである。そこで、ケシ栽培を管轄する厚生省と、食糧生産を扱う農林省とが、トップレベルで協議し、調整したというのである。

従って、食糧増産方針と調整しながら、これと抵触しないという範囲の中で、阿片の増産が追求されたのであるから、当然、それはかなり不十分なものにしかならなかったと推察される。

役人の回顧談

また、次に紹介する史料は、当時、この問題を担当していた役人の回顧談である。

「国内阿片は当時としてはただ医薬用阿片の二千キロ程度の原料に使用されるだけで、いたずらに大阪衛生試験所の在庫がふえるばかり、しかも大阪和歌山を中心とする栽培地の反別は三千町歩を越え、ますます増加の途をたどるのみだったので、昭和三年の栽培反別から一挙にこれを二千町歩に制限する措置に出た。

ところが、当時、米の裏作として農村で歓迎されておった時なので、現地は大動揺を来たし、陳情相つぎ、莚旗《むしろばた》まで挙げ兼ねる状態を現出したが、幸いに当局方針の厳たるところに屈伏して事無きを得たが、これが、後年、いわゆる戦時下阿片増産対策の実行に際し、非常な支障となった。

すなわち、声をからしての当局の説明にも、『昔、せっかく、たくさんやっておったのを、むりに止《や》めさせられ、今、足らぬから作れとは手前勝手も甚だしいという』理由だった。しかし、これは、すでに食糧増産下、肥料その他のあらゆる面で恵まれた状態にあった農家方面の、手間ばかりかかって、なんらプラスにならぬケシ栽培を逃がれるための一口実でもあったようである。」（元厚生技官、保見吉亮「大正から昭和前期の麻薬事情」、久万楽也編『麻薬物語』〔一九六〇年、井上書房〕所収、二二六頁）

戦時中、和歌山県と大阪府で、ケシの強制作付を実施する。しかし、他方で、この時、食糧増産を確保するために、農家はいろいろな面で優遇されていた。そのため、以前、歓迎されたケシ栽培も、この時、手間ばかりかかり、その割りに利益が少ないという理由で、農民側から、むしろ、敬遠されてしまう。この記述から、戦時中、行われたケシの強制作付なるものも、農民側から、必ずしも喜んで受け入れられたのではないことがわかる。

町村史の史料

この段階では、阿片生産に関する全国的な統計は公表されていない。だから、全国レベルの動向を正確に知ることは不可能である。しかし、和歌山県に限定すれば、この問題に関する統計が多少は残っている。それが【表23】である。

【表23】から、戦時下、和歌山県のケシ栽培は必ずしも順調に増大していないことがわかる。まず、興味深いことに、許可人員と、栽培面積・阿片納付量が単純に比例していない。ケシ栽培は、元来、その年の天候などの影響を受けやすかった。また、新たにケシを栽培するようになった農民の熟練の程度や、同じく、新たにケシを栽培するようになった畑の地味や施す肥料の多寡なども、当然、収穫量に微妙に影響していた。こうしたことが重なった結果、前述のように、許可人員と、栽培面積・阿片納付量が単純に比例していないような状況が現象したのであろう。

結局、総体として見た場合、昭和一〇～一一年度（一九三五～三六年度）ごろが、ケシ栽培の最盛期であって、それ以降は、むしろ、次第に減少してゆく。その理由を、前述の『広川町史』は、「食糧増産と若い働手出征のため」に求めている（二一八八頁）。妥当な説明であろう。

労働力不足がネック

強制作付まで行なったという割りには、栽培面積はそれほど増加していない。当局側の思惑とは異なり、むしろ、停滞している。この理由としては、まず、労働力不足がある。働き盛りの青年が兵隊にとられたり、また、町の軍需工場に動員されたりしたため、農村は深刻な労働力不足に陥っていた。

元来、ケシ栽培には手間がかかった。すなわち、労働力をふんだんに投下しなければならな

表23　和歌山県けし栽培資料

年次	許可人員	栽培面積	阿片納付量	賠償金額
	人	町歩	kg	円
昭和７年	3,919	535.2	5,135.359	256,210
同　８年	3,794	530.2	6,791.320	不　明
同　９年	3,735	525.8	11,634.326	356,729
同　10年	8,660	1,029.0	13,890.296	434,950
同　11年	7,405	1,041.3	12,101.842	443,329
同　12年	7,198	1,532.3	14,839.431	570,027
同　13年	6,271	1,265.0	12,026.682	422,429
同　14年	5,130	1,120.4	不　明	不　明

『広川町誌』、下巻、1974年、287頁による。

い。労働力に余裕がある時は、それでもかまわないが、しかし、労働力が不足しがちな時期には、困ってしまう。前述の厚生省の役人の回顧談が指摘するように、手間のかかるケシ栽培が、この時期、農民側から敬遠されたわけである。

こういった事情から、和歌山県と大阪府でケシの強制作付までした割りには、原料阿片の増産は、うまくいかなかった。その一方、戦時体制下、原料阿片に対する需要は、ほとんど底なしであったから、和歌山県と大阪府だけでは、どうにも、当時の原料阿片の不足を解消できないことが明らかになった。こうして、背に腹はかえられず、これまで、ほとんどケシを栽培したことのない他の府県にまで、ケシ栽培を広げる。和歌山県・大阪府に限らず、利用されていない空き地が少しでもあれば、どこでもケシを植えた。それによって、原料阿片の不足を補おうとしたのである。要するに、これが、戦時体制下におけるケシ栽培＝阿片生産の状況であった。次に紹介する、「常滑高等女学校生徒のケシ栽培」という話も、こういった状況を前提にして、出てきたものである。

『中部日本新聞』地方版の記事

ある日、佐藤明夫氏から、おもしろい新聞記事を見つけたので、送るという連絡を受けた。彼は愛知県半田市にお住まいの高校教員で、毎年、名古屋市や半田市などで、戦争展を熱心に企画・準備されている中心メンバーの一人である。戦争展の資料を探すために、『中部日本新聞』の地方版を読んでいる中で、たまたま見つけたとのことであった。次にそれを紹介する。

「けし栽培に協力　常滑高女の職員生徒

お百姓さん達の良い田畑は食糧増産に、私達は荒地で罌粟《けし》の栽培を引受けませうと常滑《とこなめ》高女校では、二十四日、金子校長に引率され、伊奈技手、実行組合員に協力して鯉江《こいえ》新開五反歩の種子蒔きを行った。

整地作業のあとへ小さな種子が蒔かれて行く上に土をかむせる作業は女学生には最も適した仕事で、広い五反歩の畑は四百名の生徒の手でみるみる片づけられて、夕方、種蒔きを終ったが、これからの水かけ、間引、草取り等、全部、私らで致しませうと、職員始めハリ切ってゐる。町でも御蔭で、この罌粟の供出が十分出来て、御国に御奉公が出来ますと感謝してゐる。

【写真は罌粟蒔き奉仕の常滑高女生】」（『中部日本新聞』尾張南版、一九四二年［昭和一七年］

一一月二五日）

愛知県常滑市は、昔から常滑《とこなめ》焼きという陶器の生産で知られた町で、知多半島の西側に位置し、伊勢湾に面している。そこで、戦時中に、高等女学校の生徒がケシ栽培を行なったという内容の記事である。記事には種蒔きのようすを撮影した写真がつけられているが、当時の新聞写真ということで不鮮明である。ケシは、通常、秋蒔きで一一月ごろに種を蒔く（寒冷地では春蒔き）。そして、翌年の五月に開花する。開花後、一〇日ほど経て、いわゆるケシ坊主が大きく育ったところで、それに刃物で傷をつけ、流れ出てくる阿片汁を採集する。

翌年の阿片汁の採取も報じる

佐藤明夫氏は、その後、同じ『中部日本新聞』尾張南版を探索され、収穫を報じる新聞記事も見つけてくれた。続いて、それも紹介する。「戦ふ学園三景　何が何でも増産だ　田園に描く頼母しき姿」という見出しで、苗田の螟虫《めいちゅう》駆除・桃の袋かぶせと並んで、報道されている。

「常滑町鯉江新開開墾地の芥子《けし》も見事に実を結び、青い芥子坊主が揺いでゐる中を女学生が毎日作業してゐるのが見られる。これこそ常滑高女校生徒達が種蒔きから除草手入れを行ってきた芥子の最後の作業、阿片採取である。

伊奈農会技手の指導で芥子の実に傷つけ果汁を採るのであるが、傷つけて五分間程経てば薄褐色の果汁がにじみ出るのを、竹箆《たけべら》でこすりとって用意した竹筒の中に入れるのであるが、極めて少量より出ず、細かな作業だけに若き女性には最も適し、また、これが南方の兵隊さん達の薬品になるといふだけに一滴の果汁も無駄にしないやうにと懸命である。」（『中部日本新聞』尾張南版、一九四三年［昭和一八年］六月八日）

こちらの記事にも、女学生がケシ坊主から阿片汁を採っている写真がついている。やはり、鮮明さに欠け、見にくいが、大体のようすは、なんとか、わかる。佐藤明夫氏は、私がかねてから阿片問題を研究していることを知っているので、これらの史料を教示してくれたのである。二つの新聞記事から、一九四二、四三年段階で、常滑の女学校生徒がケシ栽培に動員されたことが明らかになった。どうして、この時期、少女たちがケシを栽培したのであろうか。その事情を、次に検討してゆく。

労働力の集約型

まず、ケシ栽培は、労働力を大量に投下すれば、それだけ多くの収穫が期待できた。だから、それは、労働力の集約型という特徴を持っていた。前掲の新聞記事によると、常滑高等女学校の生徒が栽培に従事したケシ畑の面積は五反歩と記されていた。五反歩は約四九・六アールに当たる。五〇アールは、縦五〇メートル、横一〇〇メートルの長方形の面積になる。大体、（地方都市の）中学校の校庭を想像すればよかろう。だから、それほど広い面積ではない。

にもかかわらず、このケシ畑に四〇〇名もの生徒が動員されている。ほかの作物ならば、これほど多くの労働力が集中して動員されることは、まず、なかった。ということは、ケシ栽培には労働力の集約的な使用が必要であることを示している。狭い面積（五反歩）の畑に、多人数（四〇〇名）の労働力を集約的に注ぎ込まねば、ケシの栽培はうまくゆかなかったのである。

また、ケシ栽培の最後の仕事である阿片汁を採集する仕事は、大人の腕力を必要とせず、子どもでも、十分、間に合った。だから、常滑の場合も、それは女学生に回ってきた。初めての仕事で慣れていなかったから、彼女たちは決して上手に阿片汁を採集できなかったかもしれない。しかし、それはしかたがないことであった。彼女たちは、なれない手つきで、（おそらくは半分、嬉々としながら）、珍しい仕事に従事したのではなかろうか。機会があれば、常滑を訪ね、当時、ケシ栽培に従事した常滑高等女学校の元生徒だった人たちを探しだし、彼女たちから、当時のようすを聞いてみたいものである。

常滑以外でも、栽培されていたはず

どんな作物も、大なり小なり、天候の影響を受けざるを得ない。しかし、その中でも、ケシは、とりわけ、天候の影響を強く受けた。日照り、雹《ひょう》、風害、病虫害および収穫時の長雨などが、ケシの大敵であった。作柄が、特に天候に強く左右されるということから、ケシ栽培は本質的に強い投機性を帯びていた。

ケシは元来、難しい作物であって、経験と技術がないと、良い成果を得られなかった。例えば、朝鮮におけるケシの作付面積は、日本内地の約二倍であったが、しかし、阿片の収穫量は内地とほぼ同量であった。こういった事態は、朝鮮におけるケシ栽培の技術が劣ることから来ていた。また、前述したように、水害救済の応急措置として、一九三三年に北海道ではケシが大々的に作付けされたが、失敗し、一年限りでやめになっている。上で述べた朝鮮や北海道の例が示すように、ケシ栽培は、誰でも上手にやれるものではなく、経験と技術がものをいった。

ケシ栽培の長い経験を持つ和歌山県と大阪府以外の地域では、当然、ケシ栽培の経験と技術に欠けていた。だから、労働力を大量に投下した割りには、よい成果をおさめられなかったと推察される。単位面積当たりの収穫量が悪いことは、あらかじめ承知の上で、なお、やむにやまれない事情から、そういった所でも、敢えてケシを植えつけていったのである。

常滑の場合も、女生徒、教職員、および手伝いの農民（ただし、これまで、ケシを栽培した経験に欠ける）だけでは、ケシを上手に育てられるはずがなかった。そこで、ケシ栽培に詳しい専門家の伊奈農会技手の援助を仰ぐ。彼の指導を得て、常滑のケシ栽培はかろうじて一定の水準を確保することができたのではなかろうか。それでも、ケシ栽培の本場で、長年、経験を積んだ和歌山・大阪の両府県の農民にはかないっこなかった。ケシ栽培は初めてということで、専門家の助力を得ても、常滑での単位面積当たりの収穫量は、たぶん、かなり少なかったであろうと推測される。しかし、そのことは、あらかじめ十分、推測されたことであった。

ケシ栽培と全く無縁の荒地を新たに開墾してケシを栽培しても、これまで、長年、ケシ栽培を行なってきた和歌山県や大阪府並みの収穫がただちに得られるはずがなかった。結局、単位面積当たりの収穫量が、かなり悪くても、とにかく、ケシの作付け面積を増大させることで、全体の収穫量を増そうとはかったのである。

今回、たまたま、愛知県常滑町でケシを植えた新聞記事が発見される。しかし、常滑地方で、それ以前にケシを栽培していたという記録はない。おそらく、この段階で初めて、ケシ栽培に挑戦したのであろう。その意味で、この時期、特に常滑地方にケシ栽培が限定される理由は全くない。当時、全国的規模で大々的にケシが栽培されていたと推察される以上、常滑以外でも、当然、多くの地方でケシが栽培されていたことであろう。

愛知県だけに限定しても、常滑の場合以外に、戦時中、ケシを栽培していたという証言をすでに私はいくつか得ている（例えば、刈谷《かりや》市郷土資料館所蔵の『小垣江《おがきえ》事務所文書』。小垣江は刈谷市南部に位置する大字《おおあざ》の地名。そこの区長らが残した文書類は、同地域における、戦時中のケシ栽培のようすを、かなり克明に伝えている。この史料は、別の機会に紹介するつもりである）。今後、きちんと意識的に探してゆけば、もっと多くの所で、戦時中、ケシが栽培されたことが発見される可能性が大きい。そういった事例は、それこそ、全国的規模の広がりを示すはずである。今後の「発掘」におおいに期待したい。

ケシの種子は生命力が強い

常滑高等女学校の生徒によって生産された阿片は、いったん厚生省に納められる。その後、その大部分は製薬会社に回され、モルヒネ類の原料にされる。前述したように、モルヒネは戦場において、欠くべからざる貴重な医療品（鎮痛剤・麻酔剤）であった。実際、前掲の新聞記事では、「またこれが南方の兵隊さん達の薬品になるといふだけに一滴の果汁とも無駄にしないやうにと懸命である」と説明されていた。

しかし、この説明を額面通りに受け取るわけにはゆかない。彼女たちによって納入された阿片を原料として作られたモルヒネが、戦場で負傷兵に使用されただけとは考えにくい。当時の新聞記事に、まさか、それが、場合によっては、中国などで麻薬として使われることもあるなどと書けるわけがなかったが、やはり、医薬品と麻薬の両者に使われたと考えるべきである。もちろん、ことがらの性格上、医療品と麻薬の両者に、それぞれ、どの程度の比率で使われたかを、正確に知ることは不可能であるが。

また、ケシは、一方で難しい作物と述べたが、他方からすると、けっこう強い作物でもある。なかなか強靱であって、雑草に近いほどの生命力を持っている。それと関係するが、今日でも、所どころで、阿片の採れる本物のケシが時々、発見される。これらの大部分は、戦時中、全国的規模で大々的にケシを栽培していた時の名残りではないかと、私は疑っている。戦後五〇年、経過したが、ケシの種子は生命力が強いので、地中にしぶとく生き残る。そして、なにかのきっかけで、地面がほじくり返されるなどの機会にめぐりあえば、長い間、地中に眠っていた種子が目覚め、発芽する。さらにきれいな花を咲かせて、人を驚かせる。

常滑の場合も、あるいは常滑高女の生徒たちが栽培していた鯉江新開開墾地の周囲で、五〇年前のケシの種子が人知れず生き残り、今日でも、ひそかに花を咲かせているかもしれない。それも、また、さきの戦争の遺物の一つといえるであろう。

新聞に報道された理由

従来、国際条約とかかわってくるので、政府側はケシ栽培や阿片・モルヒネ類の生産について、新聞が報道することを極力、押さえてきた。だから、この問題にふれた新聞記事はごく少ない。

ところが、ここで紹介したように、常滑高等女学校の生徒がケシ栽培に動員されている記事が発表される。しかも、丁寧なことに、種蒔きと翌年の阿片汁の採取のようすが、二回とも、写真入りで報道される。これは、従来とは明らかに違っている。どうして、こういうことになったのか。最後にこの新聞記事が発表されるに至った事情を推察してみる。

まず、発表されたのが、『中部日本新聞』の本社版ではなく、「尾張南版」という、地方版であったことが、あるいは関係しているかもしれない。すなわち、読む人が限られる地方版に掲載される記事ということで、官憲による検閲が甘くなった結果、この記事がそのまま発表されたというものである。

こういう可能性も否定しないが、私としては、むしろ、この記事が報道された時期のほうが決定的な意味を持っていると判断する。すなわち、この記事が発表された一九四二年、および四三年は戦争の真っ最中である。この時期になれば、戦争の遂行に必須の原料阿片を少しでも多く生産し、現在、戦われている戦争に資することが重要な課題となる。阿片・モルヒネ類の生産や輸出のことを扱う国際条約のことを、もはや、顧慮する必要はなくなる。あるいはまた、当時の日本には国際条約の規制を顧慮する余裕がなくなったともいえよう。

さらに、この記事は戦意高揚や総力戦の宣伝効果を狙っていたとも見られないだろうか。すなわち、少女たちは、一見、戦争とは最も無縁な存在である。そういった、いたいけな少女たちまで、この時、動員されて戦争遂行に必要な原料阿片の生産に従事している。そのことを大きく取り上げることで、戦意高揚に役立てる下心があったのかもしれない。以上が、新聞の地方版に、阿片生産に動員される少女たちのことを報じる記事が掲載された理由ではあるまいか。

阿片増産方針の限界

原料阿片の不足に苦しんだ日本が、それまで、ケシ栽培に全く縁のない常滑町で、少女たちを、急遽、動員して、ケシを栽培しだしたことを紹介した。このように、この時、当局側は、恥も外聞もなく、阿片の増産におおわらわになる。それでは、こうした努力によって、果たして原料阿片の不足は解決されたのであろうか。私は、こうした努力にもかかわらず、懸案は解決できなかったであろうと推察する。

結局のところ、戦時体制下で起こった原料阿片の不足という事態を、日本は解決できなかった。どうして、この問題を日本は解決できなかったのであろうか。以下、私なりにその解答をさぐってゆきたい。結論から先に述べれば、中国人の居住する植民地（台湾、関東州、満州国）で、日本がみごとに阿片専売制をしいていたこと自体に、私は解答を求めたいと思う。原料阿片の増産だけを目的とするなら、それは原理的には実現可能であった。それまでケシ栽培を禁じてきた台湾や関東州でケシを栽培させ、また、満州国においてはケシ栽培の指定地域を大々的に拡大しさえすればよかったからである。このことは原理的には可能であったが、しかし、実際には到底、不可能であった。

というのは、もし仮にこれらの地域でおおっぴらにケシ栽培を行い、阿片の増産を図るならば、従来からの阿片専売制は激しく動揺し、専売制がもたらしていた莫大な利益も一緒に相当程度、減少することが予想されたからである。日本は阿片中毒者に対し、専売制をしくことで、法外な値段（おそらく原価の数十倍ぐらい！）で阿片を売りつけていた。

従って、もし、阿片中毒者のまわりの身近な所で、ケシ栽培が行なわれるようになれば、彼らは何とかしてケシの生産者（農民）にわたりをつけ、よりやすく阿片を手に入れようとするであろう。

一方、ケシ栽培農民（＝阿片生産者）にとっても、政府納入価格より高く買ってもらえるならば、喜んで彼らに密売したであろう。その意味で、阿片中毒者（消費者）とケシ栽培農民（生産者）は共通の利益の上に立っていた。

両者間の密売買関係を禁じ、専売制を維持してゆくためには相当の警察力が必要であった。従って、これらの地域でケシ栽培を行なうことは原理的にはたしかに可能であったが、しかし、警備のほうによけいな金と人がかかってしまい、採算がとれなかったと思われる。

結局、阿片専売制を維持して莫大な収益を確保しながら、他方、同じ地域でケシ栽培を大々的に行なうことは、当時の日本の力をもってしても不可能だったのである。戦時体制下、原料阿片の不足という問題を解決しえなかった真の原因を、私はこのように考えている。

第九章　まとめ

一大麻薬帝国の形成

日本の阿片・モルヒネ政策は、次のようにまとめられよう。すなわち、内地及び植民地でのケシ栽培、中国人のいる所での阿片専売制、国内の製薬会社による世界的レベルに達したモルヒネ類の製造、そして、国際条約に違反しての中国などへの密輸出。

このように、敗戦前の日本は、その所有する植民地と内地とをそれぞれ有機的に結びつけ、世界有数の一大麻薬帝国を築きあげる。その際、阿片を吸煙する習慣があり、しかも、最大の人口を持つ中国が、日本の近くに存在したという条件が大きく働いたであろうことは当然である。世界に冠たる一大麻薬帝国を築きあげるのに成功した日本は、中国人のいる植民地における阿片専売制とモルヒネ類の中国への密輸出という二つの手段を通して莫大な利益をあげることができた。日本は結局、阿片を吸煙するという中国人に特有な習慣（それ自体、客観的には明らかに中国人民の持つ大きな弱点であった！）をせい一杯、利用することによって、中国人民が汗水たらして稼ぎ出した富を、いともたやすく、かすめとることができた。それは、ちょうど錬金術師が卑金属などから金を作り出すのに、なぞらえることができるほどであった。

阿片を通じて中国人民からまきあげた収益は莫大であり、それは植民地行政に必要な費用の基幹部分を構成したり、あるいはまた、戦争遂行のための費用にもなった。従って、阿片・モルヒネ問題は、日本にとって、取るに足らぬ微小な問題では決してなく、終始一貫して、第一義的な価値を有する大問題であり続けた。

東京裁判で免罪

敗戦によって、半世紀の長きにわたって、東アジア諸国民に対して行われてきた、さしもの日本の阿片政策にも、ついに終止符が打たれる。また、この時、それまで、この政策にかかわっていた内務省、軍部、および植民地官庁（朝鮮総督府や台湾総督府など）なども、軒並み解体されてしまう（ただし、前述したように、厚生省だけは生きのびる）。

日本の阿片政策は、これまで、説明してきたように、明白な国際条約違反の国家的犯罪であった。だから、それは、日本側が行った数々の戦争犯罪の中でも、かなり重要な位置を占めていた。そうである以上、日本の戦争犯罪を裁く東京裁判は、本来、この阿片政策についても厳しく追及すべきであった。ところが、実際には、ほんの少し取り上げられただけに終わってしまう。日本の阿片政策を全面的に取り上げ、その全体像の解明に努める。――そういった営みを踏まえ、道義的、かつ国際条約違反の責任を追求すべきであった。しかし、残念なことに、そういった試みは基本的になされなかった。むしろ、結果的には、それは、事実上、免罪されてしまう。

日本側が行なった戦争犯罪を追及することを使命としていた東京裁判で、この問題が事実上、取り上げられなかった理由は、また、別の所で、あらためて、きちんと追求すべきであろうが、とりあえず、次の三つを指摘しておく。

三つの理由

まず、日本側が関係資料を組織的、意識的に湮滅《いんめつ》したことが効を奏したからである。すなわち、第一章ですでに説明したように、日本の為政者（厚生省や軍部など）は、彼らが行なった阿片政策が国際条約に違反していることをよく承知していた。それが明らかになれば、当然、国際条約に違反したことをとがめられ、処罰されることが予想された。そういった事態を免れるために、彼らは関係資料を必死に湮滅した。

その作業は徹底したものであった。この問題に関する資料は、敗戦時に大量に廃棄・焼却されただけでなく、それ以前から、一貫して意図的に隠されてきた。こういった事情から、東京裁判で検察側がこの問題を取り上げ、追及しようとしても、すぐには、必要な資料を入手できなかった。このため、やむなく、この裁判での追及を断念したのであろう。その意味で、日本の当局側による関係資料の湮滅工作は基本的に成功したことになる。

また、東京裁判は主にアメリカの影響下に行なわれ、日本側の阿片政策の実際の被害者であった中国・朝鮮側が、裁判の中枢から排除されていたことも関係していた。もし仮に、中国・朝鮮側が東京裁判を主に行なったならば、その結果は随分、違っていたであろう。すなわち、中国・朝鮮側は、自分たちが長年にわたって受けてきた日本の阿片政策のことを、十分すぎるほどに知っていた。

だから、彼らが、自分たちの国の多くの人々を塗炭の苦しみに陥れてきた残虐な日本の阿片政策を免罪することなど、ありえなかった。彼らは、なんとしても、この問題に拘泥し、日本側の責任をきびしく、追及したはずである。しかし、直接の被害者ではないアメリカに、このような、「しつっこさ」を求めてもムダであった。

もう一つは、敗戦でそれまで阿片政策にかかわっていた内務省、軍部、および植民地官庁などが、解体されてしまったことである(厚生省は残ったが)。この問題で責任を追求されるべき、いわば当事者の多くが、個人としては存在しても、組織としては、この時、雲散霧消してしまう。日本の阿片政策を取り上げ、その責任を追及しようとする時、当事者の組織としての消滅・不在は、当然、マイナスに働き、全体として、この問題の責任を追及しにくくさせた。逆に、責任を追及される側にとっては、好都合であった。このような理由から、東京裁判では、阿片政策は免罪されてしまう。

厚生省は例外的に責任を追求されなかった

戦前・戦中、日本の阿片政策にかかわった国家組織が、戦後、軒並み、解体される中で、ただ一つ厚生省だけが例外的にいわば無傷で生き残る。前述したように、厚生省は一九三八年一月の新設以来、約八年間、内地における阿片政策を担当した。だから国際条約に違反して展開された日本の阿片政策には、十分過ぎるほどの責任を負っていた。その意味では、厚生省もまた、きびしく、その責任を追求されて当然であった。しかし、実際には、厚生省はそういった追求からまぬがれる。

どうして、厚生省が、この時、責任を追求されなかったのであろうか。現在の段階では、残念ながら、その理由を明らかにすることはできない。ひょっとすると、当時の厚生省によっぽどキレ者がいて、上手にアメリカ側に取りいることで、追求をかわすことに成功したのであろうか。しかし、その場合でも、なにか、「おみやげ」がいる。よく知られているように、731部隊の場合は、生体実験の貴重なデーターをアメリカ側にひそかに提供することで、戦犯追求を許してもらったという。もし、同様な事情が存在するとしたら、厚生省の場合、責任追求を免除してもらう見返りにアメリカ側に、果たして、なにを「おみやげ」として、差し出したのであろうか。疑問が深まるばかりである。

戦後も三社に限定

また、阿片政策にかかわったのは、前述のような軍部や種々の官庁、すなわち、公権力だけではなかった。彼ら以外にも、今まで説明してきたように、製薬会社やケシ耕作農民なども、阿片政策に関与していた。まず、初めに製薬会社のことを取り上げる。

前述したように、内務省は、一九一七年に四社にモルヒネの製造を認可した。たぶん、モルヒネの製造を少数の会社だけにしぼっておきたいという意向が働いているためと思われるが、内務省（そして、途中からは厚生省）は、モルヒネ製造の認可を別の製薬会社に、新たに付与することをしなかった。だから、一九一七年に認可を受けて以来、最初に認可を受けた会社だけが、引き続いて、モルヒネ製造の認可を受けてきた。

当初、最も成功していた星製薬株式会社が、その後、倒産したことは、既に述べた。他の会社を新規に参入させなかったので、第二次世界大戦の時期を含め、現在にいたるまで、大日本製薬株式会社、三共株式会社、および、(株式会社ラヂウム商会を引き継いだ)武田薬品工業株式会社の三社だけが、特権的にモルヒネを製造している(内地に限定しての話である)。

この三社は、モルヒネ製造の独占的な特権を、一貫して持ち続けていることで、ずいぶん、大きな利益を得ているはずである。今日、モルヒネはその強力な鎮痛作用があらためて再評価され、末期ガンの患者の痛みどめとして、医療の場で多く用いられるようになった。これに伴い、モルヒネの需要は急増している。モルヒネを生産している前述の三社は、そのため、かなりの利益を享受していると推測される。その意味で、現在でも、前述の三社は、他の多くの製薬会社から、「羨望」されているはずである【表24】。

製薬会社の責任

前記の三つの製薬会社がモルヒネ類を大量に製造した。彼らが生産したモルヒネ類は、たしかに一方で貴重な医療品でもあったが、しかし、他方では、おぞましい麻薬としても使用された。後者の場合、やはり、国際条約に違反する、阿片政策の片棒を担がされていたことは否定できまい。その意味で、モルヒネ類を製造していた製薬会社もまた、それ相応の責任を免れえない。次にこの問題を検討する。

製薬会社が生産したモルヒネ類には三つの役割があった。まず、第一は民間の医療用である。

表24　モルヒネ類を生産している製薬会社

麻薬製造業者氏名および住所	業務所および所在地	製造を許可された薬品名
武田薬品工業株式会社 大阪市東区道修町２丁目27番地	武田薬品工業株式会社東京工場 東京都豊島区高田南町３の763 武田薬品工業株式会社大阪工場 大阪市東淀川区十三西之町４の54	モルヒネ、あへんアルカロイド、薬用あへん、テバイン、オキシコドン、コデイン、ジヒドロコデイン、エチルモルヒネ、コカイン
三共株式会社 東京都中央区日本橋本町３の１	三共株式会社品川工場 東京都品川区西品川１の888	モルヒネ、薬用あへん、テバイン、オキシコドン、コデイン、ジヒドロコデイン、エチルモルヒネ、コカイン
大日本製薬株式会社 大阪市東区道修町３丁目25番地	大日本製薬株式会社大阪工場 大阪市福島区海老江上２の１	モルヒネ、薬用あへん、テバイン、コデイン、ジヒドロコデイン、エチルモルヒネ、コカイン

久万楽也編『麻薬物語』、井上書房、1960年、161頁による。

この場合は、一般的な意味で貴重な医薬品であって、戦争責任は全くない。

第二は戦場で使われた場合である。この場合、モルヒネは戦場で、いわば兵器と同じ役割を果たした。戦争の遂行を客観的に支える働きをする。だから、この場合、他の兵器産業の会社と同じ意味で、前記の製薬会社もまた戦争責任があった。

第三は、モルヒネが麻薬として使われる場合である。モルヒネ生産は客観的に国際条約違反の阿片政策の一部を構成していた。だから、製薬会社はまた、この面でも、日本の阿片政策の一端を担っていた。第三の役割は、他の兵器産業の会社には存在しない。モルヒネという特殊な医薬品の製造だけにあてはまった。

モルヒネ類の生産に当たった製薬会社が負うべき責任は、以上の三つの役割のうち、第二と第三にかかわっていた。すなわち、戦争協力に加え、国際条約違反の阿片政策の加担者という役割も一方で帯びていたのであるから、二重の意味で、彼らの責任は重い。その責任はきびしく追及してゆかねばならない。

製薬会社はいずれも頬かむり

前記の製薬会社三社が、日本のダーティーな阿片戦略の一翼を形成し、戦前以来、ずっとモルヒネ類を生産していた以上、前述のような責任を免れることはできなかった。にもかかわらず、これらの会社が、これまで、モルヒネ類を生産した責任を認めたことはなかった。

日本の阿片政策のことは、これまで、ほとんど知られていなかったから、その責任を追及されることもなかった。それをよいことに、これらの製薬会社はいずれも、今日に至るまで、自分たちがした行為について、まじめに反省せず、頬かむりしている。例えば、私は、さきに、この三つの製薬会社に対し、戦前・戦中のモルヒネ類の生産額を教えてほしいと申し入れた。しかし、三社とも、言を左右にして、教えてくれなかった。その際、戦災を受け、当時の資料を焼失してしまったなどの理由をつけた。それも、たしかに部分的には事実であろう。

しかし、生産額の公表を拒んだ本当の理由は、そこにはあるまい。三社とも戦前のモルヒネ類の生産額を公表せず、これまで厳重に秘匿してきた。それは、前述のように、戦争、およびダーティーな阿片政策に協力した過去を追及されることを恐れているからと判断される。

反省がなんら、なされていない以上、彼らが、今後、主体的、かつ、自発的に、戦前・戦中のモルヒネの生産額を世間に公表することは、まず、ありえない。現在の日本の社会風土の中で、彼らにそういったことを期待しても、むだである。そうであるならば、国家組織に対してと同じように、製薬会社に対しても、その責任をきびしく追及してゆかねばならない。たとえ、遅ればせであっても、気がついた以上は、それをきちんと追及してゆく必要がある。

音蔵には何の罪も着せなかった

次はケシ耕作農民についてである。和歌山県・大阪府を中心にして、それこそ、万をもって数えるほど多数の農民がケシ栽培に従事した。彼らの戦争責任を問題にする場合、まず、ケシ栽培の普及の中心人物だった二反長音蔵に触れないわけにはゆかない。二反長音蔵は長命だったので、敗戦後まで生きていた。彼は、敗戦の時、ケシを普及したことで戦犯に問われるのではないかと恐れた。実際、アメリカ占領軍の取り調べを受けている。

しかし、MPの「取り調べはきびしかったが、音蔵には何の罪も着せなかった。」（前掲、二反長半『戦争と日本阿片史』、二〇六頁）

たしかに、前述したように、この時、日本の阿片政策が総体として免罪されたのであるから、たとえ、巷間、「阿片王」といわれようとも、実際には、一介の農民に過ぎない二反長音蔵一人を罰しても、しかたがなかった。彼が罰せられなかったのは当然であった。もし、彼を処罰すれば、当然、この問題でもっと大きな働きをした厚生省や軍部などの関係者や製薬会社にまで広げて、処罰しなければ、整合性がなかった。こうして、厚生省や軍部などの公権力だけでなく、製薬会社や二反長音蔵（および、多数のケシ耕作農民）も、みな、この問題で、戦争責任を追及されることから、首尾よく逃れることができた。

ケシ耕作農民の戦争責任問題

戦争というものは、見るからにそれとわかる好戦主義者によってだけ遂行されるものではない。戦争の体制がいったん形成されると、恐ろしいことに、善良な国民までも、意識するか、しないかに関係なく、戦争遂行の歯車に結びつけられ、その一端を担わされてしまう。戦前のケシ耕作農民の場合は、まさにこの好個の例であった。彼らが生産した原料阿片は、医療品としても、また、麻薬としても、使用された。その全部ではないとしても、相当部分が、たしかに中国人などの心身の健康を損なう麻薬として利用された。その意味で、ケシ耕作農民の手もまた、その分だけ確実に汚れていた。彼らもまた、決して無罪ではなかった。

たとえ、戦時体制下、当局側からケシ栽培を強制的に割当てられたという事情があったとしても、やはり、完全に免罪されはしない。あるいは、こういういい方はきつすぎるといわれるかもしれない。しかし、この点をあいまいなままにほおっておいてはいけない。やはり、きちんと総括しておくべきであろう。

戦時中に備蓄しておいた麻薬

戦後、連合国によりケシ栽培は禁止される。しかし、戦争直後の時期には、次の史料が明らかにしているように、まだ、戦争中に備蓄しておいた麻薬が大量に残っていた。

「これは、陸海軍の保有していた麻薬を指定保管者に保管させ、その払出は厚生大臣の指示によらしめることを規定している。昭和二二年には、生あへん五二トン七二二キログラム、粗製モルヒネ二トン八四四キログラム、コカ葉一八トン、エクゴニン一九五キログラム、粗製コカイン三五キログラムが保管されていたのである。」（久万楽也編『麻薬物語』、井上書房、一九六〇年、一九七頁）

この史料から、敗戦時においても、なお、コカインの原料であるコカの葉が、一八トンも残っていたことがわかる。熱帯の産物であるコカの葉を、国内では生産できないので、これは、きっと戦前に大量に輸入しておいたものの残りであろう。このように麻薬の備蓄量が多かったので、当分は、これらを消費すればよかった。

しかし、モルヒネ類は必須の医薬品である。在庫が減少するにつれ、次第に、ケシ栽培の復活、原料阿片輸入の再開などによって、必要量を確保することが要求されてきた。そこで、占領期間が終わり、日本が独立すると、さっそく、ケシ栽培の再開に向かって動きだす。

戦後、ケシ栽培の再開

まず、法制上の整備の必要から、一九五四年（昭和二九年）五月に「あへん法」が公布される（同法については、『時の法令』、一三四号、一九五四年五月、を参照）。この法律によって、戦後、ケシ栽培が再開される。厚生省の管轄下で、純粋に医薬用として、モルヒネ類の原料を国内でも生産しようとするものであった。こうして、戦後、ケシ栽培が復活する。厚生省の立場でまとめた、前掲、久万楽也編『麻薬物語』は、戦後のケシ栽培について、次のようにいう。

「わが国では昭和二九年より国内でもけしの栽培を始め、昭和三四年は耕作面積約一四〇町歩で、生あへんとして約三トンを収納している。あへんの最低需要量を確保するために、昭和三

表25　戦後のケシ栽培の府県別の推移（告示面積と栽培人員）

年　度	1954	1955	1956	1957	1958	1959	1960	1961	1962
総　数	148町	140	122	132.7	130.7	199.5	204.5	203.6	203.0
	1606人	1474	1160	1083	1038				
長野県	3	3	3	1.7	0.5	0.3	0.1	0.1	0.1
	60	60	41	9	5				
愛知県	20	20	3	0	0	—	—	—	—
	285	193	44	0	0				
大阪府	16	16	16	16	4.2	3.7	0.8	—	—
	274	200	121	69	38				
和歌山県	101	101	91	111	121	187.5	195.6	197.5	197.6
	844	910	914	956	940	1210	1216	1185	658
兵庫県	3	3	3	0	0	—	—	—	—
	54	25	0	0	0				
岡山県	2	3	3	3	4.5	6.5	7.0	6.0	5.3
	30	39	21	40	53				
広島県	3	3	3	1	0.5	0.5	—	—	—
	59	47	19	9	2				

上段が告示面積（単位は町歩）、下段が栽培人員。久万楽也編『麻薬物語』、井上書房、1960年、164頁による。なお、1959年以降は、『続日高郡誌』、上巻、1975年、750頁で補った。

五年には耕作面積を二〇五町歩として、生あへん約四トンの収納を目標としている。」（前掲、久万楽也編『麻薬物語』、一六四頁）

同書は、表を二つ、提示している【表25、および表26】。この二つの表から、戦後、復活したケシ栽培の大体のようすが理解できる。このように、戦前の盛況さとは比べものにならないが、

表26　あへん成績年次別（全国）

年度	告示面積	栽培面積	栽培人員	収納あへん数量	町当りあへん数量	モルヒネ含有量		
						平均	最多	最少
	町	町	名	g	g	%	%	%
昭11	—	1,672.44	12,724	17,297,910	10,343	15.03	22.38	1.00
12	—	2,019.76	11,051	21,213,623	10,503	14.73	21.13	1.00
13	—	1,559.32	8,197	16,455,566	10,553	12.87	21.46	1.00
29	—	3.57	33	32,016	8,968	14.16	17.60	10.60
30	148	147.51	1,606	2,268,623	15,379	11.46	18.86	4.07
31	149	139.72	1,474	2,046,163	14,644	12.56	17.35	8.25
32	122	107.81	1,160	1,387,753	12,872	11.83	13.37	6.73
33	133	119.80	1,083	1,718,997	14,480	12.22	17.23	7.70

久万楽也編『麻薬物語』、井上書房、1960年、164頁。

それでも、戦後、ケシ栽培は、和歌山県を中心にして、復活する。しかし、戦後、ケシ栽培が盛んであったのは、短期間にすぎなかった。それは一九六〇年ごろが最盛期であって、その時期を過ぎると、急速に衰退してしまう。

現在では、ケシ栽培は、ごくわずかに、それこそ象徴的といってよい程度に残っているだけである。日本の阿片政策も、国内におけるケシ栽培に限れば、終末期を迎えている。

日本国民の歴史認識の空白を埋めたい

本当は日本の阿片政策を、日本国民の前に明らかにする上で、戦争直後の時期、すなわち、東京裁判の時が最も適切であった。しかし、さまざまな事情から、それは、ほとんど解明されずに終わってしまう。だから、今日に至っても、日本国民は、戦前・戦中に、それこそ東アジア的規模で、国際条約に違反して、日本が阿片政策を展開してきたことを全く知らない。日本の阿片政策について、日本国民の歴史認識は空白になっている。こういった事態は看過できない。なんとしても、その空白を埋めるべきである。今からでも遅くないので、なんとか、この問題を解明してゆきたいものである。

関係史料の発掘が大事

歴史的な事象の解明には、まず史料が必要になる。ところが、関係史料は徹底的に湮滅させられてしまった。だから、この問題では史料の発掘が大きな比重を占める。

私は、一九八四年、厚生省薬務局麻薬課を訪ね、阿片問題に関する内務省文書が残っているか否かを直接、問いただした。前述したように、厚生省が、一九三八年以降は、国内の阿片政策を担当していた以上、私の質問は、恥ずかしいことに、実は的をはずれた、トンチンカンなものであった。現在から考えれば、この時、「戦前の阿片問題に関する、内務省、および厚生省の文書は残っているか否か？」と質問すべきであった。

しかし、私の、このトンチンカンな質問に対し、係官は、「そのような文書は、厚生省には少なくとも、今日、存在していない。もし、残っているにしても、どこにあるかは知らない」と答えている。一九三八年以前、内務省が担当していた時期の阿片関係の文書の行方を、現在の厚生省が知らないのは、おそらく、事実であろう。その意味では、この時の係官の回答に誤りはない。

問題は、むしろ、一九三八年以降、厚生省が新設され、阿片政策を担当するようなってからの文書の行方である。たしかに、この厚生省文書の大部分は、国際条約違反に問われることを恐れて、敗戦のどさくさにまぎれて、湮滅させられたと判断せざるをえない。

しかし、ことがらの性格上、戦前の阿片問題に関する資料を、完全に湮滅することは不可能だと私は考える。

なぜなら、戦前の阿片問題は、時間的にも長く、また、規模も大きかったからである。すなわち、時間的には、それは日清戦争後の台湾領有＝一八九五年から、敗戦＝一九四五年までの、ちょうど五〇年間＝半世紀ほどもの長きにわたって存続した。

また、その間、ケシの栽培、阿片の集荷業務、衛生試験所でのモルヒネ分の測定、製薬会社でのモルヒネ類の製造、台湾などでの阿片の専売制、そして、中国などへの密輸出など、それぞれの生産段階や流通分野で、極めて多くの人間がこの問題に関係を持った。例えば、ケシ栽培が最もさかんであった和歌山県だけをとっても、一九三五年段階でケシ栽培に従事した農民は八〇〇〇人を越えていた。また、【表26】によれば、一九三六年度の全国の「栽培人員」は「一万二七二四人」であった。

阿片問題に何らかの形で携わった者はこれだけの数に昇っていた。各レベルの行政官庁は、各種の文書を発行して、彼らに連絡・指令したり、あるいは記録したりした。そうしなければ、仕事は進んでゆかなかった。だから、この問題に関する文書は、本来、ぼう大なものがあったはずである。敗戦時、こういった文書はたしかに徹底的に湮滅された。しかし、その分量があまりに多かったことから、これらをすべて、一挙に湮滅しきることは到底、不可能であった。従って、現在でも、我々が意識的に探してさえゆけば、いつか必ず、かなりの部分が明らかになってくる。

——これが、私のゆるぎない確信である。

また、戦前、ケシ栽培や、その集荷業務などに携わった者が、今日においても、まだ、多数、元気でいられる。あまり遅くならないうちに、彼らに対する「聞き取り」をしておくことも必要である。ケシ栽培に限定していえば、この仕事は、当然、ケシ栽培の中心であった和歌山県や大阪府在住のかたが最適である。心ある方々のご尽力を期待するものである。

あとがき

麻薬に見る歴史の皮肉

現在、麻薬・覚醒剤は世界的に大問題になっている。とくにアメリカはひどいようである。この状況が、早晩、日本にまで波及してくることはまちがいあるまい。各国の警察がこれだけ熱心に取り締まっているにもかかわらず、近年、どうして密輸が激増しているのであろうか。不思議なことである。ギャング組織だけでは、到底、これだけ、大規模な仕事をなしえないであろう。私は、世界は広いから、多くの国の中には、（それが生み出す莫大な利益に目がくらんで）公権力が麻薬・覚醒剤の生産と密輸出に事実上、手を貸している国があるのではないかと、つい、疑ってしまう。

このように、私が推理するのは、実は日本の公権力が、戦前において、こういった汚い仕事に、ひそかに従事していたことを知っているからである。すなわち、日本は、主に一九二〇年代に入ってからであるが、麻薬の密輸出を厳しく禁じた国際条約に加入しておきながら、一方ではひそかに中国などにそれを密輸出して莫大な利益をあげていた。このために、日本は実によくできた（？）システムを作りあげていた。

日本の阿片・モルヒネ政策は、国民には隠されていたが、国際的には比較的よく知られていた。このため、国際世論から激しく非難されていた（直接、被害を受ける中国からはもちろんであるが）。過去の日本はこういったことをやってきた。しかし、今日、立場が逆転してしまい、以前、麻薬を密輸出して中国などを困らせた日本が、現在では逆に、どこかの国で生産された麻薬・覚醒剤の密輸入に悩まされている。歴史の皮肉とでもいうべきであろうか。

二つの研究テーマ

私は、約二〇年ほど前、満州に存在したギルドのことを調べ論文にまとめた際、日本語で書かれた調査報告書を多く読んだ。その時、当時の満州（関東州や鉄道附属地を除いた）に、日本人は容易に入ってゆけなかったのに、例外的に、二種類の日本人――売春婦とモルヒネの行商人――が、比較的抵抗を受けることなく進出していたことに、私は気がついた。

十数年前、それまでの研究を思い切って、やめ、彼ら二種類の日本人のことを調べはじめた。その過程で、売春婦のほうは「北方系からゆきさん」、モルヒネの行商人のほうは、「日本の阿片・モルヒネ政策」という研究テーマに発展していった。当初、二つのテーマを並行して研究していた。しかし、調べてゆくうちに、二つのテーマとも、実に奥行の深い、大きな問題であって、二つを同時に扱うのは、到底、不可能なことがわかってきた。そこで、当面、「北方系からゆきさん」のほうに専念することにした。また、この仕事は、のちに従軍慰安婦問題ともつながっていった。こちらのテーマで、だいたい一〇年間、仕事を続けた結果、その成果を四冊の本にまとめることができた。

その間、「日本の阿片・モルヒネ政策」のテーマのほうは、関係史料を集めたり授業で講義することなどは、なんとか続けていたが、しかし、それ以上のことはできなかった。前者のテーマの仕事が一段落したので、数年前から、やっと、後者のテーマにもどることができた。研究を再開させ、今までの仕事をまとめる作業に入ったのであるが、しかし、一〇年間の研究のブランクの効果は予想以上に大きく、なかなか仕事がはかどらなかった。難渋の末に、やっと、まとめたのが本書である。

まだデッサンの段階にすぎない

本書の中でしばしば述べてきたように、日本の阿片政策についての研究は始まったばかりである。この問題に関心を持つ研究者の数も少ない。そういった状況から、研究成果はまだまだ乏しい。また、関係史料は組織的、かつ徹底的に湮滅させられてきた。そのため、問題の大きさに比例すれば、残された(今日、利用できる)史料の分量はごくわずかである。

こういう状況に規定され、本書で論じてきた内容が、まだ一種のデッサンの段階にとどまっていることを、私はよく承知しているつもりである。今後、本書が一つのきっかけとなって、阿片問題の研究が急速に進捗してゆくことを望んでやまない。阿片問題は、それだけの重要性を備えていると信じるからである。

倉橋正直（くらはし・まさなお）
1943年　静岡県浜松市生まれ
東京大学文学部東洋史学科卒業
東京大学大学院人文科学研究科博士課程（東洋史学）修了
現在、愛知県立大学教授
著書
『北のからゆきさん』（共栄書房、1989年　新装版、2000年）
『からゆきさんの唄』（共栄書房、1990年）
『島原のからゆきさん』（共栄書房、1993年）
『従軍慰安婦問題の歴史的研究』（共栄書房、1994年）
『日本の阿片戦略』（共栄書房、1996年）［韓国で翻訳される。朴橿訳『阿片帝国日本』知識産業社、ソウル、1999年］
『二反長音蔵・アヘン関係資料』15年戦争極秘資料集・補巻11（不二出版、1999年）
『日本の阿片王』（共栄書房、2002年）

<新装版>
日本の阿片戦略——隠された国家犯罪

2005年11月15日　新装版第1刷発行
2023年10月20日　新装版第2刷発行

著者 ———— 倉橋正直
発行者 ——— 平田　勝
発行 ———— 共栄書房
〒101-0065　東京都千代田区西神田2-5-11 出版輸送ビル2F
電話　03-3234-6948
FAX　03-3239-8272
E-mail　master@kyoeishobo.net
URL　https://www.kyoeishobo.net
振替　00130-4-118277
装幀 ———— 神田程史
印刷・製本 —— 中央精版印刷株式会社

ISBN4-7634-1031-8　C0036